中华文化十万个为什么

美术卷

刘 墨 ◎主编

辽海出版社

图书在版编目（CIP）数据

中华文化十万个为什么．美术卷 / 刘墨主编，吴翠芬
审定．—沈阳：辽海出版社，1999.1（2017.4 重印）
　ISBN 978-7-80638-984-3

　Ⅰ．中… Ⅱ．刘… Ⅲ．①传统文化—中国—普及读
物②美术—中国—普及读物 Ⅳ．Z228

中国版本图书馆 CIP 数据核字（98）第 35209 号

中华文化十万个为什么·美术卷

责任编辑	丁　凡	
责任校对	刘　娟	
开　本	690mm×960mm　1/16	
字　数	216 千字	
印　张	20	
版　次	2017 年 4 月第 2 版	
印　次	2017 年 4 月第 1 次印刷	

出　版	辽海出版社
印　刷	北京铭传印刷有限公司

ISBN 978-7-80638-984-3　　　　　　　定价：46.00 元

总 序

卞孝萱

  中国是一个地大物博、历史悠久、由多民族结合而成的人口众多的国家。在中华民族的开化史上，有素称发达的农业、手工业，有许多伟大的思想家、政治家、科学家、发明家、军事家、文学家和艺术家，有丰富的文化典籍、文物古迹，在科技上有许多重要的创造发明。中国各族人民热爱祖国的山河，热爱祖国的历史文化，具有强烈的民族自尊心和自豪感，对祖国的事业无限忠诚，以祖国的利益高于一切，毫无保留地贡献自己的智慧和力量，正在满怀信心地迎接新世纪的到来。

  培养"四有"新人是时代赋予我们的神圣职责。中华文化博大精深，具有强大的生命力。辽海出版社出版《中华文化十万个为什么》，就是面向广大青少年，弘扬中华优秀文化，进行"四有"教育的一种形式。这套书的第一辑共有历史、文学、美术、书法、音乐、教育、法律、伦理、宗教、民俗十册，约200万字。选题广泛，内容充实，语言流畅，插图精美，富于知识性、可读性和趣味性。将多彩多姿的中华文化，简捷明了、通俗易懂地显示出来。图文并茂，引人入胜，是对广大青少年有益的一部课外读物。

唐代的伟大文学家韩愈说得对："人非生而知之者，孰能无惑？"怎么办？找老师。"师者，所以传道授业解惑也。"《中华文化十万个为什么》就是用问答的方式，向广大青少年传授知识，解除疑惑，起到各行各业无数老师所起的作用。它可以帮助青少年读者了解中国的悠久历史，了解中华民族自强不息、百折不挠的发展历程，了解各族人民对人类文明的卓越贡献，了解先辈们的民族气节和道德情操。我恳切希望广大青少年把这套书当作良师益友，不要像韩愈所说的那样："惑而不从师，其为惑也终不解矣。"

学海无涯。这套书所带给青少年读者的，不只是书上的知识，还将启迪他们的智慧，引起他们进一步学习的兴趣，激发他们无止境的求知欲。从而由浅入深，循序渐进，探索文化的宝藏，强化个人的素质，走向成才之路。说这套书是缔造21世纪人才的摇篮也不过分。故欣然而为之序。

目　录

· 目 录 ·

◎为什么把中国画称为"丹青"？

"丹"，这里是指红色。《仪礼·乡射礼》："凡画者丹质。"郑玄注云："丹浅于赤。""青"，是指青色。丹青又可作绘画、作画解。《晋书·文苑传·顾恺之》："尤善丹青，图写特妙。"中国古代绘画常用朱红色、青色，所以古人又把中国画称为"丹青"。《汉书·苏武传》中就有"竹帛所载，丹青所画"。这是最早将画称作丹青的记载。唐代杜甫在《丹青引赠曹将军霸》诗中也有"丹青不知老将至，富贵于我如浮云"。这里的丹青，也是泛指绘画艺术。基于这点，所以将画工又称为"丹青师傅"、"丹青家"或"丹青手"。

◎中国绘画为什么崇尚意境的形神统一与情景交融？

对中国画家来说，没有比形与神、情与景、笔与墨等问题在绘画中更显得重要的了。中国画家主张，给人以审美享受的，不是绘画中说明性的、叙述性的或客体的事物，而是笔墨形式中所启示的趣味与意境。

从唐代王维论画开始，中国绘画就在追求着"肇自然之性，成造化之功"。因为绘画是中国人的心、眼、手在与造物接触的瞬间，物象在此呈现它的真形，艺术家则在此时流露他那妙明的深心。王国维说中国艺术的境界是"呈于物而见于心"。宗白华说："艺术要剥落一切表皮，呈显物的晶莹真境。"他们都道出了中国艺术之意境之诞生的真谛。

艺术意境的创构，在于使客观的外物作为我们主观情思的象征，成为画家和诗人抒写情思的媒介。于是我们便能在一件最优秀的中国绘画作品之中，发现一层更深似一层的景，一层更深似一层的意，以及一层更深似一层的情！

◎为什么中西方绘画都用线条，但又有本质的不同？

西方绘画中使用线条，是为了表现物体的块面，达到西画追求空间感和立体造型，忠实客观物象的目的。受客观形象的束缚，这种线条是僵硬的，呆板的，缺少变化的。中国绘画中使用线条，用来塑造形体，表现结构、质感和立体感。但它与西方绘画不同，具有鲜明的民族特征：首先，它是根据物象的轮廓特点与表面纹理来使用表现质感的线条，在人物画方面，有所谓十八描；在山水画方面有数十种皴，还有勾等；在花鸟画方面，有勾染，勾填，也有各式各样描法，因形而殊，因质而异，千变万化。其次，利用线的虚实、疏密、浓淡、粗细、松紧、强弱来表现空间感，如近粗远细，近浓远淡，近紧远松……这些都是西方绘画所不具备的。

◎为什么中国画在造型观念上与西方绘画不同？

中国画在造型观念上与西方绘画不同，中国画注重写意，很早就提出了"以形写神"的理论。追求神似为中国画家在表现方法上的准则。人物画要有人的精神气质，山水画要有山水的神气，花鸟画要有花鸟的生机。为了神完意足，往往不计其他，甚至可以"遗貌取神"。中国画完全用线来表现物象的形体、结构、质感及立体感，即以"以线造型"。西方绘画则重写实，讲究透视、解剖、光学等等科学原理，追求形象逼真。

◎为什么说中国人的"写生"观念与西方的不同?

中国绘画中的写生之"生",代表着中国人对自然界中生命过程的强烈的自觉意识,这种自觉意识在道家与儒家思想中都有所表述。《易经》曰:"生生不息。"老子《道德经》曰:"道生一,一生二,二生三,三生万物。"这种如此深刻地存在于中国人思想观念中的"生"之意识肯定会在中国艺术表现中占据主要的地位。即使在诗歌中也因为这个缘故,而把谢灵运的"池塘生春草,园柳变鸣禽"评为自然之极,这是因为他准确地再现了自然界中的生命意识,这两句诗也成为不朽的千古名句。

在中国艺术批评中——像中国书法与绘画本质上属于静态的艺术形式,其最高的审美标准即是"气韵生动",也就是能体现出一种生命的运动。而"气韵生动"的艺术表现,是中国艺术美学里体验人生与宇宙的活泼生机的代表,虽然在平和宁静之中,也能暗含鸢飞鱼跃的精神,如同大自然在其静止的峙立中却流动着周流不舍的消息。

这种观念,与西方人到自然中写生以获取创作的题材,显然是不同的。

◎为什么中国传统绘画不重视色彩的表现？

谢赫《古画品录》论绘画的六法之一有"随类赋彩"一条，即古人在技法上是以写实为主，并利用色彩来状物体貌——如长沙发现的晚周楚国的漆器绘画、乐浪彩箧冢发现的后汉永明帝十二年漆盒上的绘画、辽阳古墓壁画，都以红、黑等单色为主。在文献记载之中，如明人杨慎（1488—1559）《丹铅总录》卷十七谓："画家有七十二色。"虽然说不出他具体根据之所在，却也可以看出中国绘画也有如此丰富之色彩的美。

但是随着它的逐步发达，中国艺术却渐次在向着寄寓画家之心境、情绪、诗思等精神表现的境界进化、发展。尤其是当水墨画在中国画坛上兴起之际，最可能大的心灵纯粹性以及摒弃一切累赘，便成为至关重要的先决条件，自然而然地将许多精心刻画的东西省略，只在最紧要处以寥寥数笔来捕捉或生发全部的神韵。这样，将外在形态及色彩都牺牲掉，而只集中于它所表现的自然的神气与节奏律动，笔法所具备的象征主义就成立了。

在艺术中运用色彩的暗示力量创造色彩的音乐，追寻色彩中谜一样的东西以及以色彩来达到表情功能及象征意义，或指向于感情上的强烈震撼，则是西方绘画的擅长，而不是中国绘画的擅长。它特别以表现心灵的幽深淡远为旨归。

◎为什么中国画的颜色要分植物色和矿物色？

中国画的颜色是由石色和植物色两大类组成的。石色是由带色的矿石研成细末，调以胶水后使用，古时又称作石染。如石青用碱式硫酸铜制成，石绿用孔雀石制成，赭石由赤铁矿制成，雄黄由雄黄石（也称鸡冠石）制成，铅白即铅粉，丹砂即朱砂；植物色由一些植物根、茎、叶、花、果提取而成，如蓝由靛蓝，红由茜草、红花、苏枋，黄由槐花、姜花、栀子、黄檗，紫由紫草、紫苏，黑由五倍子、苏木等制成。植物色也叫水色，透明色薄。

◎为什么说"书画同源"?

中国绘画同中国书法的关系十分紧密，二者的产生和发展相辅相成，互相影响，互相促进，共同提高。在中国绘画史上，先秦诸子就有所谓"河图洛书"之说，意思即是书画同源。唐代张彦远在其所著《历代名画记》一书中，开篇即讲《叙画之源流》："夫画者……发于天然，非由述作……奎有芒角，下主辞章；颉有四目，仰观垂象。因俪鸟龟之迹，遂定书字之形。造化不能藏其秘，故天雨粟；灵怪不能遁其形，故鬼夜哭。是时也，书画同体而未分，像制肇创而犹略。无以传其意，故有书；无以见其形，故有画。"此为最早的"书画同源"说。该书又谓："周官教国子以六书，其三曰象形，则画之意也，是故知书画异名而同体也。"殷契古文，其体制、间架，可谓是书画之混合也。由于书画同源，以及二者在达意抒情上和用笔、线条运行有紧密联结，因此绘画同书法互相影响，成了中国书画一个显著艺术特征。

◎为什么说中国书画"用笔同法"?

中国绘画、书法大都使用笔作工具。而笔一般都是用羊毛、兔毛、黄鼠狼尾毛、鼠须、马尾、鹿毛、豹毛、鸡毛与木、竹制成的。因笔毛不同,可分为软、硬两大类:以羊毛为主的称为"羊毫",属于软的一类,适于楷书、染色用;以黄鼠狼毛为主的称为"狼毫",属于硬的一类,适于行草、勾线用。写字作画首先都要通过笔的运行来完成,当然还有墨(色)、纸(绢)相配合,才能完成表现物象、表达意境的效果。在写字或作画过程中,使用笔的方法基本上是一致的。唐张彦远《历代名画记》在《论顾陆张吴用笔》中谓:"昔张芝学崔瑗杜度草书之法,因而变之以成今草书之体势,一笔而成,气脉通连,隔行不断。唯王子敬明其深旨,故行首之字,往往继其前行,世上谓之一笔书。其后陆探微亦作一笔画,连绵不断,故知书画用笔同法;陆探微精利润媚,新奇妙绝,名高宋代,时无等伦。张僧繇点曳斫拂,依卫夫人笔阵图,一点一画,别是一巧,钩戟利剑森森然,又知书画同笔同矣;国朝吴道玄,古今独步,前不见顾陆,后无来者,授笔法于张旭,此又知书画用笔同矣。"

◎为什么要用毛笔画线？

世界上任何艺术形式的产生，都离不开一定的物质基础。中国画所具有的特殊表现形式，是和它所使用的工具与材料紧密相关的。中国画所使用的工具是毛笔，所使用的材料是纸与墨。中国画是"以线造形"。线的运用是中国画最显著的特点，线描既成，物象已立。中国画是靠线来塑造形体，靠线来表现物体的不同质感，靠线的虚实、疏密、浓淡、粗细、松紧、强弱等来表现空间感，靠线的夸张与强调的手法表现物体的立体感。线是由笔蘸墨来完成的，用笔可谓中国画的基础之基础。中国传统绘画都是用毛笔来绘制的，所以无论是曲线还是直线，都是用毛笔画出来的，甚而包括界画中的直线，也是用毛笔在尺的帮助下完成的。

◎为什么说线条的运用集中体现了中国画的功能和魅力？

　　世界上任何一种物体都是有体积的，有具体的形状，在中国画中却是线条的组合。风雨雷电，在西方画家眼中是色彩，是光线，但在中国画家笔下却是飞驰飘忽的线条。

　　中国画观念中的线条，在客观世界是不存在的。它能把立体的物象绘成线条的组合，这本身就是一种伟大的创造。中国画的线条，可以说是万能的，它既可表现客观物象的形象（形体、结构、质感和立体感），完成画面效果，还可以表达画家本人的个性和心声，同时它本身还有独立的形式美，形成了中国画的"以线造形"的民族特色。中国画家从复杂的自然现象中概括提炼出线条这种造型手段，是对世界艺术的巨大贡献。

◎为什么说书法帮助中国画完成了写意？

在中国艺术美学中，"书者，散也"的美学观念至少在汉末就已经普遍地流行。而中国绘画艺术强调发挥借物抒情写意之方式，在创作意识中强调发挥主体能动精神的意象造型观念，在视觉情趣中强调似与不似之间的审美观念，在形式意味中追求笔墨的韵味，等等，都与书法无法分开。尤其是在元代，赵孟頫偶尔题下的"石如飞白木如籀，写竹还须八法通。若也有人能会此，须知书画本来同"一诗，直接导致了绘画中以书法的"八法"取代绘画"六法"的景观，即关于笔墨点线之书法的表现方式，取代了绘画"传移模写"、"应物象形"、"随类赋彩"，而只保留了与书法最为相近的"气韵生动"与"骨法用笔"。"八法"的"侧"、"勒"、"努"、"趯"、"策"、"掠"、"啄"、"磔"成为补充画法的具体方式，以体现生命的运动。这种以笔法为基础，在所描绘的物象中迁入并表现画家的意兴、激情及其他的精神活动，是构成中国绘画组织无以伦比的艺术形式的根本理由。进一步说，在笔法所象征的美学要素中，它主要是在运笔的挥洒中，相应地糅进了心灵的推动力量——当绘画的目的就在于表达人的内心幻想，以及生命与世界的精神意味，绘画就不仅离开了具体的自然与感觉世界，而且离开了与书法用笔不相吻合的用笔方式，而使它成为高度抒情性和个性化的艺术。

◎为什么中国画特别重视"笔墨"？

　　笔墨，是中国画技法的总称。从技法上讲，笔是指勾、勒、皴、擦、点等等笔法；墨是指烘、染、破、积等墨法。墨在运用上又分作浓、淡、干、湿、焦等等。从理论上说，强调以笔为主导，墨随笔出，二者相互依存，有机结合，共同表现某种物象，表达某些意境，从而取得"形神兼备"的完美艺术效果。中国画强调有笔有墨，二者相辅相成，不可偏废。宋韩拙《山水纯全集》中谓："笔以立其形质，墨以分其阴阳，山水悉从笔墨而成。"郭思《论画·论用笔得失》："笔有朝揖，连绵相属，气脉不断，所以意存笔先，笔周意内，画尽意在，像应神全。"

◎为什么中国画要讲"笔法"?

　　清代画家恽南田说:"有笔有墨谓之画"。这里讲的笔、墨是指用笔、用墨的技巧。唐张彦远《历代名画记》:"夫象物必在于形似,形似须全其骨气,骨气形似,皆本于立意而归乎用笔。"可见用笔是画好中国画的首要条件,这是因为中国画的造型,主要是依靠线条。画家不仅用线条画轮廓,也用它表现物体的质感、明暗、情调以及画家的个性和感情。所以,首先要掌握好写字作画时用笔的技巧和特色。要使书画的线条点画具有抑扬顿挫、圆满欹侧等变化的笔迹,必须首先讲究笔法,并在运笔时掌握好轻重、徐疾、偏正、曲折等方法。清唐岱《绘事发微》:"用笔之法,在乎心使腕运,要刚中带柔,能收有放,不为笔使。"中国画的线条,表现形式是多种多样的。在人物画方面有"十八描",是古代画家为表现不同衣服创出的画线形式;在山水画方面则有诸多皴法,用以表现山石、树木的阴阳、向背、凹凸等形态与质感;还有各种点擢、勾花、拓叶等等笔法。同时还十分重视运笔方法,讲究线条形式美,尤其是克服用笔时的弊病。宋郭若虚《图画见闻志》中指出:"用笔有三病,一曰板,二曰刻,三曰结。"板,是没有腕力,用笔不活,画上的物象平板;刻,是笔画过于显露,甚至妄生圭角,不自然,没生气;结,落笔呆滞,欲行不行,不能流畅。

◎为什么要强调"骨法用笔"?

六朝时的谢赫首先提出"骨法用笔"这一要求，后来当书法进入绘画之际，对于"骨法用笔"的要求就更高了。也可以某个意义上说，"骨法用笔"，就等于书法用笔，以体现生命的运动。

石涛有一段话说得更明确："古人以八法合六法，而成画法。故余之用笔勾勒，如行、如草、如隶等法，写成悬之中堂，一观上下气势，不出乎古人相形取意。无论有法无法，亦随乎机动，则情生矣。""相形"本是绘画的本来任务，而"取意"则是书法的擅长——这种以笔法为基础，在所描绘的物象中迁入并表现画家的意兴、激情及其他的精神活动，是构成中国绘画组织无与伦比的艺术形式的根本理由。

◎中国画用笔为什么讲究"如屋漏痕"、"如锥画沙"、"如折钗股"、"如绵里钉"？

中国书画最重线条的力感，传统书论中表述为"厚"或"圆"，实际上指的都是线条在纸面上呈现出的那种立体视觉效果。因此，古人尤其重视实现这个效果的用笔方法。他们在无数次实践中，积累了丰富的经验，并且运用了各种形象的比喻来加以说明。其中包括"如屋漏痕"、"如锥画沙"等等。"屋漏痕"要求行笔不要一泻而下，而须手腕微微时左时右顿挫前行，犹如雨水沿墙壁蜿蜒而下形成的痕迹；"锥画沙"就是像一根铁锥在平平的沙面画出的线条一样。其所产生的线条必然是中心处深凹成一线，两边凸起；"折钗股"是对转折处用笔的要求，指笔画转折时，笔毫平铺，锋正圆而不扭曲，转法劲健而有弹力；"绵里钉"也是转折技法之一，意指笔力藏在点画之内，外不露圭角。

归纳起来，上述比喻主要析解的是用笔的"藏锋"和"中锋"问题，而且，只有运用这些方法，才能写画出圆劲灵动、富于表现力的线条，进而创造出艺术佳作。

◎为什么中国画要讲"墨法"?

"墨法"就是用墨的技法。运墨的目的,是为了表现物象的质感、量感、体感、空间感等。用墨与用笔、用水是分不开的。墨法是通过笔法来完成的;有了水,才能使墨产生干、湿、浓、淡的变化。用墨要做到干而不枯,湿而不滑,浓而不浊,淡而不薄。干墨不枯,润而不焦;湿墨不滑,不涣漫,有笔力;浓墨不浊,笔迹分明,不滞板;淡墨不薄,要有厚度,有骨力。常用的墨法有蘸墨法,即用干净的湿笔,以笔尖蘸墨,使墨由尖向根部自然渗透,形成由浓到淡的丰富色阶,使墨色丰富而自然,具有韵律;积墨法,即用墨由淡而深,逐渐渍染,称为积墨。北宋郭熙云:"用淡墨六七加而成深,即墨色滋润而不枯"。元黄公望也讲:"作画用墨最难,但先用淡墨积至可观处,然后用焦墨、浓墨分出畦径远近,故在生纸上有许多滋润处。"泼墨法,是指在人意的控制下,用墨如泼出一样。相传唐·王洽每于酒酣作泼墨画,所谓水墨淋漓一时俱下,不见笔踪。破墨法,是用水使水、墨、色有机渗化。方法有浓墨破淡墨,淡墨破浓墨,干墨破湿墨,湿墨破干墨等等。

◎为什么说"运墨而五色俱"？

中国绘画，主要色彩是墨。中国画家，因而也十分重视墨的运用。他们在长期的艺术实践中，将墨与笔、水有机结合，充分利用墨在水的作用下所发生的变化，来表现对象的体感、质感、量感、空间感，以及渲染气氛等。墨经过水的调节，会产生墨色的干、湿、浓、淡及色阶的变化，所以唐代张彦远在其所著《历代名画记·论画》中讲："草木敷荣，不待丹碌之彩。云雪飘扬，不待铅粉而白。山不待空青而翠，凤不待五色而綷。是故运墨而五色俱，谓之得意，意在五色，则物象乖矣。"所谓五色，说法不一，或谓墨的焦、浓、重、淡、清；或谓浓、淡、干、湿、黑。总之，是指墨色的丰富变化而已。

◎为什么要"墨分六彩"？

宋韩拙《山水纯全集》中在《论用笔墨格法气韵病》时曰："笔以立其形质，墨以分其阴阳"。笔与墨的有机结合，就能完美地表现物象，表达意境，取得"形神兼备"的效果。墨用水调节浓淡干湿，能使墨色产生浓、淡、干、湿、黑、白，可谓变化丰富。清代画状元唐岱《绘事发微》中讲："墨色之中，分为六彩。何为六彩；黑、白、干、湿、浓、淡是也。六者缺一，山之气韵不全矣。六彩的使用是否得当，关系到画面的艺术效果。""墨有六彩，而使黑白不分，是无阴阳明暗；干湿不备，是无苍翠秀润；浓淡不辨，是无凹凸远近也。""凡画山石树木，六字不可缺一。然用墨不可太浓，浓则失其真体，掩没笔迹，而落于浊；亦不可太淡，淡则气弱而怯也。"

◎为什么中国画的用笔用墨会有很多的忌讳？

中国画是靠笔与墨来表现物象，表达意境，取得"形神兼备"的效果。古人云：笔以立其形质，墨以分其阴阳。笔与墨相结合，便将物象的质感、量感、体感等表现出来。宋韩拙《山水纯全集》曰："墨用太多则失其真体，损其笔而且浊；用墨太微即气怯而弱也。过与不及皆为病也。切要循乎规矩格法，本乎自然气韵。"用墨太浓，则失去真体，掩没笔迹；太淡，易缺乏厚度，少骨力。太干与太湿也不好，太干易显得枯，不温润，太焦燥；太湿易流于滑，太涣漫，乏笔力。另外，若墨色笼统一片，浓淡不分，是为死墨。也是用墨之一大忌。用笔则最忌描、涂、抹。下笔时心中无数，为形所缚，为法所束，反复描、涂、抹，造成线条既无美感，也无生气，是笔法所忌讳的。清王原祁在《雨窗漫笔》中总结前人经验，列举了种种用笔之忌："用笔忌滑，忌软，忌硬，忌重而滞，忌率而溷，忌明净而腻，忌丛杂而乱。"

◎中国画为什么要"惜墨如金"？

"昔墨如金"，语出宋费枢《钓矶立谈》："李营丘惜墨如金。"意为北宋初期的李成作画，用墨恰如其分，用墨很少而表现丰富。李成画寒林，以渴墨画枯枝，树身只以淡墨拖抹，但仍可以达到"山林薮泽，平远险易"的效果。清吴历谓："泼墨、惜墨，画家用墨之微妙。泼者气磅礴，惜者骨疏秀。"钱杜也云："云林（倪瓒）惜墨如金，盖用笔轻而松，燥笔多，润笔少，以皴擦胜渲染耳。"

◎为什么中国画使用的墨会有油烟墨和松烟墨两种不同？

　　墨是用于书写、绘画的黑色颜料。我国大约在殷代已经有了墨。由于制墨所使用的原料不同，而被人们分成了油烟墨和松烟墨两大类。油烟墨主要以油脂为原料，配以适当麝香、冰片、香料而制成，它约产生于公元10世纪中叶。由于它质地精良，乌黑而有光泽，附着、浸透力强，适于作画，所以为后世书画家所喜用。松烟墨多用松木烧出的烟灰作原料配制而成。我国早期的墨均为松烟墨。东汉许慎《说文解字》称："墨者，黑也，松烟所成土也。"明屠隆《考槃余事》卷二谓："松烟墨深重而不姿媚，油烟墨姿媚而不深重。"松烟墨深重而光泽，入水易化，多用于书写。

◎什么是"套染"？为什么这么叫?

套染是中国绘画的一种技法。在绘画时，主要是在绘工笔花鸟设色画时，将不同的颜色，分先后进行漫染，也就是当第一种颜色染完，待干后，再染另一种颜色，这样逐步加染，所以称为套染。套染时，一定要按前次染时方向一致，并由浓到淡，由面积小到面积大，染出物象的立体感来。套染的结果，可以得到由所染的几种颜色调配而成的色彩，如用靛蓝与槐花可套染成官绿或油绿；靛蓝与黄檗套染可得到青色；靛蓝与芦木、杨梅树皮可套染成玄色等等。

◎什么是"点染"？为什么这么叫?

点染，一是指点笔染翰，即绘画，北齐颜之推《颜氏家训·杂艺》："武烈太子偏能写真，坐上宾客，随意点染，即成数人，以问童子，皆知姓名矣。"一是指画家在绘画中点缀景物，渲染色彩。这里的点染当属后者。即是讲画家在绘画时采用的一种技法：先用毛笔蘸好一些较为淡些的色彩（甚至仅蘸些清水），而后再在笔尖上蘸些深色，然后在纸上一笔点拓而成。人们就称这种技法叫"点染"。这样点染，其结果是一笔中就会出现明暗浓淡的自然变化。如绘花瓣，先用笔蘸上粉色，再用笔尖蘸些洋红，点出的花瓣由浓到淡，鲜嫩如生。

◎什么是"罩染"？为什么这么叫？

中国绘画，在着色时，先铺底，后罩色，这种方法就叫罩染。一般是先用渲染法铺上底色，颜色应厚重一些，可以层层复加。由深到淡，要表现出其明暗、层次。再根据需要再平涂一二次罩色，颜色要淡薄。底色和罩色的选择要根据所绘物体本身的特点，目的是使二者相得益彰，产生厚重、鲜明、复杂、丰富的色彩效果。这种染法远比用两种颜色加以调和后所产生的新色要纯净明亮得多。如用花青铺底，可罩以石青；用草绿铺底，可罩以石绿；画山水用水墨皴染，可罩染花青和赭石等。

◎什么是"接染"？为什么这么叫？

中国画在染色过程中，当染完一种颜色，趁湿接着染另外一种颜色，使两种颜色在连接的部位相互渗接在一起，这种方法就叫接染。这种方法适合处理在同一体面中包括有几种不同颜色的情况，尤其是色泽比较鲜艳、厚致又晕色的物象，如花卉、衣裙等等，特点是省力、效果活，有流动感。一种颜色，最好是一次性染完。又采用这种方法的颜色，多应同类色或类似色。如雁来红的叶子，其颜色是由紫变红，又由红变黄，便可采接染的方法，即先染紫的部分，接着染红的部分，再染黄的部分。染时要用偏干的清水笔，先竖后横，使衔接部位不露笔痕，色晕较匀和。

◎什么是"白描"？为什么这么叫?

　　白描是中国画的一种技法，同时也是指中国画的一个独立画种。它源于中国古代的"白画"。古代人画壁画之前要画小稿，用墨线勾描物象，不着颜色，叫"粉本"，也叫"白画"。也有略施淡墨渲染的，多用于人物、花卉。"白画"到了宋代更臻完善，李公麟用这种形式画了不少白描作品，把白描艺术推向成熟。以后各代画家创作了许多不同风格的白描作品，白描成了一个独立画种，并得以延续至今。元代夏文彦在《图绘宝鉴》中说："赵孟坚，字子固。善水墨白描水仙花、梅、兰、山、矾竹、石，清而不凡，秀而雅淡，有《梅谱》传世。"清赵翼《题九莲菩萨画像》诗："着色生绡阎立本，白描神笔李公麟。"北宋李公麟，元代赵孟頫，所作人物，淡毫轻墨，不施粉黛，遒劲圆转，超然绝俗，为白描高手。而北宋的仲仁，南宋扬无咎、赵孟坚，元代张守正等则为白描花鸟的名家。

◎什么是"勾勒"？为什么这么叫?

勾勒，亦作钩勒，为中国画中的一种技法。用笔顺势为勾，逆势为勒；也有以单笔为勾，复笔为勒的。一般不分笔势顺、逆或单、复，凡以线条勾画物象轮廓，统称勾勒。在中国画技法中，有时也称双钩。先用细线勾出轮廓，然后在轮廓内着色。在技法上与"没骨"、"点簇"相对，一般使用于精密工细的花鸟画。此法始于五代的黄筌。其所画花鸟即用勾勒法。元夏文彦《图绘宝鉴》卷五："（张逊）善画竹，作勾勒法，妙绝当世。"清石涛《大涤子题画诗跋》："悟后运神草稿，勾勒篆隶相似。"梁章钜《归田琐记》"（小将军画卷）卷中烟霞缥缈，勾勒精严，亦纯是武卫家法"。

◎中国画中为什么会出现"皴、擦、点、染"？

"皴、擦、点、染"四者均是中国绘画中最常用的基本笔法，尤其是在山水画创作中处处可见。

"皴、擦"用以表现山石和树皮的纹理，"皴"的用笔方法是以含墨干湿合宜的毛笔以正锋、逆锋、侧锋勾画各种形态不同的线条和块面来完成。而"擦"的使用则与"皴"相反，是以枯干的毛笔在需要刻画的部位摩擦来完成。皴擦应用笔的方法不同，表现物象的质感不同，有着变幻无穷的使用方法。常见者有：披扇皴、雨点皴、鬼脸皴、牛毛皴、斧劈皴等等。

"点"在山水画中所起的作用也很重要，用它可以表现树叶；树身上的苔衣；近处的杂草；远山茂密的林木；等等。点法有很多种，如梅花点、个点等。有些设色的作品还有多种色点与墨点结合使用，极富有装饰性。往往在画面上起到"画龙点睛"的作用。

"染"的方法很简单，大面积铺染色与墨是为"染"。国画中的"染"法有"铺染、渲染、接染"等方法。

◎为什么"白描"可以成为一种表现形式？

　　使用毛笔用黑线钩勒轮廓而不着颜色，不加渲染的画法，俗称单线勾勒。多用于描绘人物、花卉。它是初学国画首先要掌握的基本功，也是中国画基本造型手段。这种方法的用笔与书法相通，讲求虚实张弛，富于节奏变化。它在中国画体系中类似西洋画中的素描，可以独立表达物色的形态、质感、空间关系等等。这种以单色线条进行创作的方法，又称白描。

　　白描具有很强的表现力，同时，又别有风彩。它既讲求整体造型的需要，又强调线条自身的质量和韵味。因此成为我国绘画艺术中一种独立的表现形式。唐代大画家吴道子被誉为白描圣手。直到今天，这种艺术手法仍为许多画家所采用，创作出美不胜收的白描艺术佳作。

◎为什么中国的肖像画又叫做"传神"或"写真"？

把中国的肖像画称作"传神"或"写真"有其悠久的历史背景，早在东晋时的人物画家顾恺之，就已经提出"以形写神"、"迁想妙得"的艺术主张，认为表现"手挥五弦"的外貌动作容易，而传达"目送归鸿"的情绪——即人物的精神特征——则很困难。他进而提出人物画的传神主张："四体妍蚩，本无关于妙处，传神写照，正在阿堵之中。"以此使肖像画的概念初步具备了"传神"的特质。宋代画家苏轼在《传神记》中说："欲得其人之天，法当于众中阴察之。"这里提到的"天"，就是元代肖像画家王绎所说的"本真性情"。南宋陈造《论写神》也指出，画人物肖像不能仅满足于外部的形似，失之于"木偶"化，而是须力求"气旺神完"。真正将肖像画的概念固定为"传神"或"写真"的人却是元代画家王绎。

王绎（约1333—？）字思善，是江南人。作品稀有流传，现存的代表作是收藏于故宫博物院的《杨竹西小像》。而他那部有关写真画具体创作法的旷世杰作《写像秘诀》一书，则是古代画史中一部人物画技法的理论要著。在这部仅有200余字的专著中，画家所阐明的主旨即：画人物肖像，不仅要求画家认真地观察对象的外部特征，更重要的是必须充分熟悉对象的性格，捕捉住具有本质意义的"真性情"。也就是传统绘画所关注的"神似"，从而使人物肖像获得最关键的实质。针对历来人物画作品"肖而不妙"的缺欠，王绎提出了写出人物"真性情"的主张，从此使"写真"的概念得以被后世固定下来，至今仍被视为肖像画的一项专有名词。

◎为什么把中国人物画的画法叫做"十八描"？

中国古代画人物衣褶纹的各种描法，明代的邹德中在他的《绘事指蒙》一书中记载："描法古今一十八等。"分为：一、高古游丝描，用极细的尖笔圆匀细心描绘，有秀劲古逸之气韵，晋顾恺之多用此法描；二、琴弦描，用中锋悬腕笔法，运笔要稳而略有点颤笔之意，比高古游丝法稍粗些；三、铁线描，用中锋圆劲之笔描绘，宋李公麟多用之；四、行云流水描，用笔如行云，舒展自如，似流水，转折不滞；五、马蝗描，伸展自然，柔而不弱，无臃肿断续之迹，亦近似于兰叶描，宋马和之多用之；六、钉头鼠尾描，如画兰叶法，起笔重收笔轻，又有大小之别；七、混描，以淡墨皴衣纹，再加以浓墨复勾，混合而成之；八、橛头钉描，使用秃笔，坚强挺拔中含有婀娜之意；九、曹衣描，用笔多中锋，运笔沉着，描绘衣纹紧束身体，如出于水，有曹衣出水之说，故名曹衣描；十、折芦描，由圆笔转为方笔，方中有圆，如隶书笔法，尖笔细长，宋代梁楷多用此描法；十一、橄榄描，用笔起、收轻，中间沉着。敦煌石窟中唐人佛像及元人颜辉多用此法；十二、枣核描，类似橄榄描法，清石涛画中常有此法；十三、柳叶描，用笔不浮滑，心手相应，形如柳叶，吴道子多用之；十四、竹叶描，用"金错刀"书法中的中锋描绘。看上去比芦叶短，比柳叶长，用笔横卧形如竹叶；十五、战笔水纹描，此为战战兢兢之战，即颤笔之意，笔停而不滞，留而不滑；十六、减笔描，用笔减练，以少胜多，马远、梁楷多用之；十七、枯柴描，粗大减笔，似枯柴，用笔刚中有柔，整而不乱；十八、蚯蚓描，用笔如篆书圆笔，行笔圆润有力。

◎为什么以"张家样"、"曹家样"、"吴家样"、"周家样"来区分不同的绘画风格？

中国风格的佛教绘画，自南梁张僧繇有了"张家样"肇始，中间经过北齐曹仲达的"曹家样"，待到唐代吴道子手中的"吴家样"，已经最后形成。此后，还有盛唐末期周昉的"周家样"。所谓各家的"样"，是各个历史时期的画坛大师，运用各自独到的艺术技巧和手段，创造了流行的艺术样式，并且为当时及后代不断地传摹，因此既可以代表一定阶段的绘画艺术成就，也可以作为人物画某种特定风格的代名词。例如："张家样"在画风上吸收了西域艺术的影响，运用明暗晕染表现立体感，相传他的人物作品用笔简略，而形神兼备，形成了有别于"密体"的"疏体"。张僧繇的特点在手中进一步成熟，其落笔雄健，敷彩简淡，用线浑圆厚实，流畅飘动。而"曹家样"与之迥异，其笔法繁密，衣服紧窄，具有中亚风格。至于"周家样"，一扫六朝的秀骨清象风格，所画人物体态丰满、容貌端庄、色彩柔丽、生动传神，接近唐代现实生活中的人物，有明显的世俗化倾向。确切地说，南北朝时期的"张家样"、"曹家样"就代表了同时流行的中原与外来的两种不同的艺术风格。而盛唐形成的"吴家样"与"周家样"，就代表了同属于中原地区的具有新特色的两种风格。

◎为什么山水画会出现许多"皴法"？

皴法为中国山水画的一种画法。先钩成山石树木轮廓，用侧笔蘸水墨染擦，以显脉络纹理及凹凸向背。中国古代画家，在他们的长期艺术实践中，根据各种山石的不同质地、结构和各种树木的表皮状态，加以概括而创作出了许多种皴法，这些皴法都是以各自的形状而命名的。清石涛《画语录》中所列皴法有：卷云皴、斧劈皴、披麻皴、解索皴、鬼面皴、骷髅皴、乱柴皴、芝麻皴、金碧皴、玉屑皴、弹窝皴、矾头皴、没骨皴等。小斧劈皴为唐李思训所创，重勾勒，画家称为北宗；披麻皴为王维所创，重渲染，画家称为南宗。清龚贤《画诀》中讲：" 皴法名色甚多，惟披麻、豆瓣、小斧劈为正经，其余卷云、牛毛、铁线、鬼面、解索，皆旁门外道耳。大斧劈是北派、戴文进、吴小仙、蒋三松多用之。吴人皆谓不入赏鉴。刺梨皴即豆瓣皴之变，巨然常用此法。"现代画家，有沿用古法的，也有创新的。有各种不同的山石，就有各种不同的皴法。

◎为什么要对山水画中的皴法进行分类？

皴，是中国山水画法的一种。皴法则是用以表现山石脉络纹理的用笔用墨的方法。元汤垕《画鉴》："董源山水有二种，一样水墨矾头，疏林远树，平远幽深。山石作披麻皴，著色皴文。"皴法是中国山水画所特有的一种表现形式，产生于五代，但其名称的出现则是在元朝。皴法是我国历代画家在长期实践中所创作出的绘画技法，由于用笔规则及物体（山石、树木）本身特质差异，便产生了许多种皴法，古代一些绘画理论家们，为了区分这些皴法，便给他们起了一些名称，进行分类。现代画家，有沿用古法不变的，也有创新的。有不同的山石，便有了不同的皴法。中国到目前为止，皴法不下数十种，常用者主要有披麻皴、斧劈皴、折带皴、米点皴及云头皴、雨点（芝麻）皴、解索皴，鬼面皴等。

◎什么是"披麻皴"？为什么这么叫？

　　"披麻皴"是中国山水画中画山石的一种特有皴法。因所绘山石的脉理状如披麻，故名。一般多用秃笔渴墨，用笔中锋，从上而下，行笔松灵，笔画直长，如麻下披。线条可长可短，疏密不一，轻重杂处，浓淡兼施，以此表现不同的山石特征。用墨要由淡到浓，层层递加。这种皴法创于唐代的王维，南唐的董源及五代巨然多用此法。这种皴法又有长披麻和短披麻之别。披麻皴又称麻皮皴。明陈继儒《论皴法》中谓："董源麻皮皴，范宽雨点皴，李将军小斧劈皴，李唐大斧劈皴，巨然短笔麻皮皴……"清龚贤《画诀》："皴法名色甚多，惟披麻、豆瓣、小斧劈为正经。"石涛《画语录》中有专论皴法一章，所列皴法最多，其中也有披麻皴。唐岱《绘事发微》中也有皴法之章："……惟董北苑用王右丞渲淡法，下笔均直，以纵长点变为披麻皴，巨然继之，开元诸子法门。"

◎什么是"斧劈皴"？为什么这么叫?

　　"斧劈皴"是中国画的一种技法。在画山石时，用笔如同用斧子劈木材一般，用笔多以侧锋阔笔劈出。起笔重，收笔轻，行笔果断、利落，迅疾。速度快，水分多，压力大，宜表现陡峭、突兀、楞角方硬的山石。斧劈皴又分大斧劈皴和小斧劈皴。明陈继儒《妮古录》卷三："皴法：董源麻皮皴，范宽雨点皴，李将军小斧劈皴，李唐大斧劈皴。"除李唐之外，南宋马远、夏圭以及浙派也多用大斧劈皴。

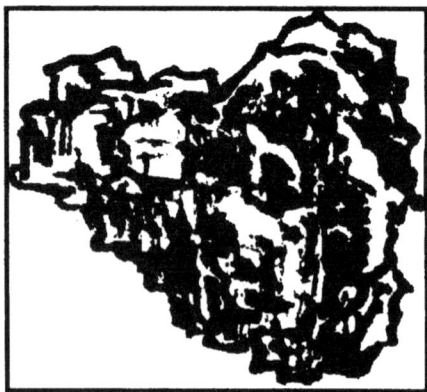

斧劈皴

◎什么是"雨点皴"？为什么这么叫?

"雨点皴"，亦称芝麻皴，形大者又称豆瓣皴。中国山水画的一种技法，以毛笔饱蘸墨汁在山石上垂直点染，点的部位，一般多在山石的脊背处或轮廓线处及体面转折处，塑造山石的形体、结构，体现苍郁、厚重，及其阴阳背向关系，阳面疏，阴面密。因这种皴是由小点构成，形似雨点，故称雨点皴。宋范宽山水画中多用此法。清唐岱《绘事发微》中云："王维亦用点攒，簇而成皴，下笔均直，形似稻谷，为雨雪皴也，又谓之雨点皴。"

◎什么是"云头皴"？为什么这么叫?

"云头皴"，又称卷云皴，是中国山水画中的一种技法。这种皴法线条不长，层层弯曲似云彩，后人以其形状故名云头皴。勾皴行笔，挺劲圆浑无圭角，线条细密，有阴阳凹凸，往往又加有破笔横点，清代画状元唐岱在《绘事发微》一书中论

云头皴

皴法时讲："古人作画非一幅，画中皴染亦非一格。每画到意之所至，看山之形势，石之式样，少变笔意。郭河阳（郭熙）原用披麻，至矾头石，用笔多旋转似卷云……"郭熙所作矾头石的皴法即是云头皴。宋李成、王诜画中也多用此种皴法。

◎什么是"解索皴"？为什么这么叫？

"解索皴"是我国山水画中一种技法。这种皴法长似披麻，但用笔扭转，好似将绳索解开以后显出那种曲曲弯弯的形状，所以叫解索皴。它有直解索和横解索等分类。历史上使用这种皴法作画的人很多，比较有代表性的是元代四大画家之一的王蒙，只是他已将解索皴发展成了一种细长飘曲的样子。钱

解索皴　　　　　　　　　　　折带皴

杜在他的《松壶画忆》卷上中说："山樵（王蒙）皴法有两种，其一世所传解索皴。"

◎什么是"折带皴"？为什么这么叫?

　　"折带皴"是中国山水画中表现物体脉理、阴阳向背的一种画法。一般地讲。画山石的平行裂痕多用此种皴法。它是线、面结合的一种皴法，用笔中、侧锋互用，先横拖为线，再直折为面。用墨多干、淡，多次叠加而成。横轻侧重，又折叠似带子。后人因以为名。多长方形，大小相间，深厚圆润，用笔有力，线条简练。有人又称其为"侧纵"。宜表现湖边的岩石，求其简约、疏淡的韵味。元代大画家倪瓒居江南无锡，他总结前人各种皴法，以写太湖山石而创造了这种皴法。

◎为什么山水画中会出现大量的"苔点"?

用毛笔作出直、横、圆、尖或破笔或如"个"、介"等字形的各式各样点子,借以表现山水画中的山石、地坡、树木的枝干及树根旁的苔藓、杂草以及峰峦上的远树等,这在中国山水画的构图经营中被广泛应用。在中国历史上,许多山水画家都颇重视点苔,在他们的作品中认真加以使用。正因这样,中国的山水画中便出现了大量的苔点。晚明的唐志契在《绘事微言》中就讲:"画不点苔,山无生气。昔人谓苔痕为美人簪花,信不可缺者,又谓画山容易点苔难。"沈颢的《画麈》中也讲:"山石点苔,水泉索线,常法也。叔明(王蒙)之渴苔,仲圭(吴镇)之攒苔,是二氏之一种。"清唐岱之《绘事发微》谓:"点之恰当,如美女簪花,不当如东施效颦。"又谓"(点苔)为助山之苍茫,为显墨之精彩,非无意加增也。"方薰《山静居画论》曰:"古画有全不点苔者,有以苔为皴者,疏点密点,尖点圆点,横点竖点,及介叶水藻点之类,各有相当,斟酌用之,未可率意也。"

◎什么是"青绿山水"？为什么这么叫？

所谓"青绿山水"是山水画中一种以石青、石绿为主色调风格的作品。其画法是在勾勒轮廓的作品上，层层罩染石青、石绿等重粉颜色，以其色彩浓重著称。

完全以"青、绿"完成的山水画见于唐代的壁画作品，是人物画的点缀，起装饰作用，据传唐李思训父子开始创作青绿风格的山水画，遗憾的是"二李"今天都已失传。传世的卷轴作品大多是宋人的作品，这类的青绿山水画，一般习称之为"大青绿"山水画。

北宋以降文人画的影响日钜，以水墨创作山水画已成风气。文人画拒斥使用色彩，讨厌火爆的青绿装饰气氛，改造传统"大青绿"山水画由南宋赵伯驹兄弟始，赵孟頫、钱选继起其后，开创了水墨作品与青绿融合，淡薄的设色，没有掩盖水墨皴擦的作品，雅丽精致，艳而不火，正符合文人的审美口味，俗称这类作品为"小青绿"山水画。

在青绿山水画中，有一种在大青绿山水画上以泥金银再加以勾勒渲染山廓、石纹、彩霞、宫室楼阁，以图加强耀眼夺目的光彩，统称这种装饰极强的山水画为"金碧山水"。据傅熹年先生考证这种画风只在北宋中后期盛行不多时日，即湮不复闻，只是近代一些有开创精神的画家重又以此法创作山水画，追求金碧辉煌的效果。

◎什么是"界画"？为什么这么叫？

"界画"是指以楼台殿阁等建筑物为题材的绘画作品，多是因为使用界尺来描画匀直的线条来塑造建筑造型，平正严谨、准确，严格讲是一种绘画技法，在宋元时期被列入绘画十二科之一。

界画，早在唐代就已十分成熟，如西安出土的初唐墓室壁画和敦煌唐代大型佛教经变画就有实物可见，技法纯熟精工。宋元时期界画完全发展成熟，涌现了一批有成就的画家，他们在卷轴类作品绘制出精美的作品并与山水画有机地结合在一起。元以后，文人绘画思想与实践盛行起来。界画被视为"匠气"、"俗气"而受到冷落，但有少数如夏永、袁江等画家仍然使用界画进行创作，并且对之进行一些改造，如夏永以水墨绘制精微的界画小品，袁江则以气势雄伟的大画面来展示界画可以创作大型作品的特点，等等如此不一而足。

总之，界画以其独特的绘画风格和特点在中国绘画中占有着十分重要的一席之地。

◎中国山水画家为什么喜欢画雪景？

　　中国绘画，具有抒情寓意的特点，常带有强烈的主观感情色彩和采用象征的手法去描绘物象，目的是表现他对客观事物的认识与感情。中国山水画家画雪景也不例外。雪是白的，它含有高洁、清白、纯净等意义，宋杨万里《送乡人余文明劝之以归》诗："一别高人又十年，霜筋雪骨健依然。"雪景山水画为唐代王维所创。时正值安史之乱，王维被叛贼所俘，迫以伪官。维悲恻故以潜赋诗词怀念旧朝。安史乱平，唐肃宗不加罪王维，仍授以官。王维作雪景山水画以表明自己身心如雪色洁白。故后世之雪景山水均以王维为宗。

◎山水画为什么有"三远法"？

山水画创作首先要解决取景构图，表现空间透视的问题，"三远法"就是中国山水画创作中有效的三种方法。

按北宋郭思在《林泉高致》中总结其父郭熙的创作经验的论点来看，认为"山有三远，自山下而仰山颠谓之高远；自山前窥山后，谓之深远；自近山而望远山谓之平远。"高远可见山势突兀；深远可见层峦叠嶂，平远可见景色渺茫，这三远解决了一件山水画构图、空间透视的基本问题。三远法的创造运用解决了不按焦点透视原则亦能创造出宏伟壮丽的画面艺境问题，是中国山水画与西洋风景画最为显著的区别之一。

宋代韩拙在其《山水纯全集》一书中在引述郭熙三远法之后，又增论三远，分别是：阔远、迷远、幽远。即近岸广水遥远谓之阔远；霞光溟溟，水气朦胧迷幻谓之迷远；景物幽隐神秘的谓之幽远，韩氏"三远"从造境角度给山水画创作提出了更高的要求。

郭熙、韩拙二人的三远法论不但揭示了中国山水画创作技巧的理论，还是欣赏山水画作品的不二法门。

高远法

平远法

深远法

◎为什么说"三远法"不同于西方艺术术语中的"散点透视"?

　　"三远法"最早见于《林泉高致》一书,是北宋中期的著名山水画家郭熙归纳山水布置法的理论核心。郭熙对"三远"的定义是:"山有三远,自山下而仰山颠,谓之高远;自山前而窥山后,谓之深远;自近山而望远山,谓之平远。"话说到此可以看出,"三远"概念的生成,来源于画家对山水的不同观察角度。所谓向上看,山有高远的趋势;向下看,群峰有纵深的去向;向正前方看,平川有无尽开阔的感受。郭熙通过"看山水亦有体"的欣赏原则进一步去"步步移,面面观"地看待山水实景,因此他整理出以上的三种观察和表现方法。表面上看它是不同方向上的散点透视,但郭熙并没有认定"三远"必须同时出现于同一幅山水画面。郭熙又说:"其人物之在三远也,高远者明了,深远者细碎,平远者冲淡。"可见他的意思不仅在体列出看山的三种角度,更重在明确画家在创作山水画时应根据以上三种视点,引申出风格特色各异的三种人生或艺术的理想境界。这三种包含着崇高、冲融和重晦风尚的理想的审美意境是最初由观察自然的不同视点中得来的,它们是设立"三远法"的根本目的,也是创作和欣赏山水画的根本目的。所以有人把郭熙的"三远法"仅仅视为眼之官能，把它和西方艺术术语中的"散点透视"纠集在一起，不仅违背了中国画自身的艺术规律，而且也表现他只得到了"三远"论的皮毛。

◎为什么将构图称为"经营位置"？

近现代以来，人们在总结中国绘画的特色的时候，为了和西方具有科学精神的绘画相区分，而将中国山水画中的构图特色称为"散点透视"，以与它们的"焦点透视"相对。

尽管这一说法得到了大多数人的默认，然而其说法并不准确，所以还是用中国画论中"经营位置"一词来表明中国画自身的特色为好。因为画家们往往可以像诗人那样在山水画表现如下的诗意："窗中列远岫，庭际俯乔松。"（谢朓）"画栋朝飞南浦云，珠帘暮卷西山雨。"（王勃）"大壑随阶转，群山入户登"（王维）等，也最典型地体现了中国艺术家的观物方式：他们的眼光是流动的、转折的：由高转深，由深转近，由近转远，这是一个节奏化了的空间意识和节奏化的行动。所以中国画家的空间意识也不像西方那样，依赖于科学研究的成果、物理的知识，而是诗意地创造艺术的空间。它的构成不是依据数学和物理，而是依据诗意和音乐的节奏：一开一阖的节奏，一起一伏的气势，一虚一实的用笔，影响了中国绘画。即使讲求"三远法"的空间表现，然而也是化物理的空间为气韵生动的生命境界，传达生命节奏，这是中国绘画所以特立于世界艺术之林中尤其显著的特色。

◎为什么西方没有"花鸟画"这一说法？

花鸟画是中国画中特有的画科，花鸟画的选题创作动机是中国画创作目的渴求表达寓兴之意决定的。花鸟画作品中的每一种花鸟都有着相对确定的象征性含义，加之花鸟都有时令性的特点，因此它较容易也比较适合中国人隐晦的情感表达，与中国诗歌有异曲同工之妙，因此它能够发展起并成为一个庞大的画系。

西洋作品多以写生为主，以人为题的作品比较常见，虽有一些西洋静物画作品也描绘花与鸟，但多以表现色彩美、技术完善为目的，中西文化异体，因而也就在西方的文化环境下就不会出"花鸟"画之说。

◎为什么中国艺术史中的鞍马题材经久不衰？

　　鞍马题材广泛散见于中国艺术史的各个阶段和各个体裁领域，自二千多年前秦俑坑中制作精美的大量陶马首次登上历史的舞台，到今天以画奔马而扬名天下的现代画家徐悲鸿以来，恐怕惟有鞍马的形象能渗透到中国艺坛的每个角落，并且发展持久，常盛不衰。不论是石、铜材料的雕塑，还是陶瓷艺术品，抑或更为普遍壮大的卷轴鞍马画作，都有举世闻名的作品存在，这个现象不能不令人惊叹，并且叩问其原因何在？

　　鞍马题材之所以在我国艺坛中深得人心，有它综合的文化基因。《周易》以乾卦象天，天的象征是龙，所以战国帛画里引魂升天的工具是龙，龙成了空中最有活力的神兽。地上最活跃的畜兽是马，也是乾的象征，龙与马都是超常之力的生命体，所以中国人常常讲"龙马精神"。只要看看东汉的铜马式（俗称"马踏飞燕"），就会明白为什么两汉的艺术家令马尾上扬、四蹄翻开，从而使马具有飞的状态了。唐代的皇陵中也有翼马的形象，是所谓天马行空。另外，马也是古代社会政治力量的象征，《论语》中用"百乘之家"表示一般诸侯，用"千乘之国"表示强盛的诸侯国家。马成了类似于鼎簋的政权附属物。没有一位国君不是凭着它开辟的天下。这里最好的例子是唐代的大型纪念浮雕群"昭陵六骏"。唐代拥有大量的鞍马专家，恐怕正与国富民强的时代背景分不开。宋代有鞍马大家李公麟，元代的鞍马又复兴了唐时的传统，产生出赵孟頫与任仁发，想见游牧民族与马的亲缘关系导致了这一局面。到了清代，外国画家郎世宁擅画马，曾作《百骏图》，看来他很懂得鞍马题材在古代传统艺术中举足轻重的意义。

◎为什么将诗、书、画兼擅称为"三绝"？

三绝，指集于一人或一时的三种卓绝的技能或其他显著特色。

《唐书·李白传》："文宗时，诏以（李）白诗，裴旻剑舞，张旭草书为三绝。"这里所说诗、书、画兼擅，事亦出自唐代，时有郑虔者，字弱齐，郑州荥阳（今河南荥阳）人。开元时官广文馆博士，能诗，善画，好书。《唐书·郑虔传》载："尝自写其诗并画以献，帝大署其尾曰：郑虔三绝。"自此，人们便将同时擅长诗、书、画者称为"三绝"。金赵秉文《寄王学士子端（王庭筠）》诗云："李白一杯人影月，郑虔三绝画诗书。"宋元以后文人多有诗书画兼擅而被称为"三绝"者。

◎中国画为什么会产生"写意"甚至"大写意"？

　　画，是人的一种精神产物。人要自由地抒发个人性灵，表达情感，必然要突破一切妨碍个性解脱的羁绊，中国绘画，早在六朝时期，顾恺之就提出了"以形写神"的主张，强调神韵，对以后写意画发展产生了一定影响。唐代张彦远在《历代名画记》中提出了"以气韵求其画"、"以形似之外求其画"，对写意画发展起到了推动作用。到了宋代，苏轼说："论画以形似，见与儿童邻。"欧阳修也说："古画画意不画形，忘形得意知者寡。"写意画经文人画家的提倡，得以发展。直至元代，"元人尚意""不求形似"已成时代风尚。由半工半写进到小写意，进而到大写意，蔚为壮观。另外，中国画产生写意，也与书画同源有一定关系。中国书法有行书，更有草书。明徐渭有言"适草书盛行，乃始有写意画，又一变也"，是很有道理的。

◎中国画为什么要强调"不似之似"？

"不似之似"一语初见于明沈颢所著《画典》中："似而不似，不似而似。"指画家笔下的艺术形象，不只是照搬客观物象，而应当有所概括，有所取舍，有所调节，以求收到比生活更高的艺术效果。绘画是画家的精神产物，画家要自由地抒发自己的性灵，突破刻意模仿物象的束缚。六朝时顾恺之首先提出了"以形写神"主张。强调神韵。唐张彦远又提出"以形似之外求其画"。元画家更追求"不求形似"。中国画并非不要形似。而是不似之似。正如明代画家王绂所言："古人所云不求形似者，不似之似也。"（《书画传习录·论画》）清石涛也讲："不似之似，似之。"（《石涛论画诗集》）

◎中国绘画的审美趣味为什么会越来越崇尚平淡？

　　从北宋前期欧阳修等人开始，中国的美学思想以平淡天然为绘画美的极致，在绘画上追求"萧然淡泊之意，闲和严静之心"的表现（《欧阳文忠公文集》卷一百二十三《画鉴》），把"拙规矩于方圆，鄙精研于彩绘"的"逸格"（黄休复：《益州名画录》推为艺术最高风格等等，无不表现了上述宋代美学的基本特征。和唐代推崇气格刚健之类比较起来，它失去了以前那种宏大的气魄和力量，常常不是与"激扬正道"相关联，而是与"适我性情"相联系，审美所具有的积极的社会意义被削弱了。但在另一方面，这种审美的情趣和要求获得了较为自由的发展，并为或多或少突破封建伦理道德的束缚，提供了某种机遇和可能性。从这方面看，这种审美的趣味或理想的产生，在中国美学发展史上，无疑带有某种解放的意义。由于强调平淡天然之美，重视个体内在心灵的自由，导致中国绘画的审美趣味越来越崇尚平淡。

◎为什么僧人画在中国画史上的地位并不高?

应该说僧人画家在中国绘画史上是做出过杰出贡献的。远在五代时期,贯休(后被封为禅月大师)的画作就已十分有名,及至清代画坛,出现了辉映千古的弘仁、髡残、朱耷、原济四大高僧,他们一扫清初绘画的承袭前人衣钵,极少写实,抒发性灵的做法。石涛半生云游名山大川,对大自然的观察独具慧眼,他有句"搜尽奇峰打草稿"的名言,一直为人称道,取得了高度的艺术成就。然而,在封建社会里,画家的创作及地位是受皇权控制的,四僧们的创作与统治者的口味大相径庭,因而得不到应有的地位,所以在画史上的地位就不高了。

◎为什么中国古代书画在流传中赝品多于真迹？

中国古字画的流传中真迹少于赝品与自身的艺术传统和书画不易保藏的特性有关。南齐谢赫的《画品》是古代画史上第一部重要的著述，他所提出的六法论被古代书画家视为创作上的基本原则，其中的第六法则说画要传移模写，意思是画家不仅要描绘自然，更要虚心地临摹前人的作品，只有继承前人的传统与法度，自己的技艺才能更上一层楼。谢赫的传移模写说揭示出古代画家基本的学画方法，就是要临摹前人的优秀画作，但画家往往因为害怕自己的作品被学生在习画时染上墨渍或损坏，他们总是按原作复制一张留给学生，而真迹只会束之高阁。再加上国画的材料不易保存，年代过久了，自然真迹就会磨灭，而在传移模写中不断被复制的几本画稿反倒得以广泛流传了。

另外，因为字画也是一种"商品"，加之社会需要量大，所以作伪之风由来已久，如明清的苏州片、长沙片，都是作伪达到一定程度产生的流派。明代的沈周曾说过他的画早晨完成了，过午就看到了仿作。而明代以后的江南人家因为都有用字画装点堂面的习惯，曾因崇尚元代黄公望的画而一时间"家家一峰，户户大痴"。其实黄公望的画哪里能多得遍地都是呢！这样一来，中国字画历来有赝品多于真迹的现象也就可以理解了。

◎为什么说最有名的毛笔是湖笔？

毛笔居文房四宝之首，是我国独特的书写绘画工具。毛笔的历史，据现今考古发现可以追溯到约六千年前的新石器时代的仰韶文化。从西安半坡遗址发掘出的彩绘陶器上，看到的流畅清晰、刻画细致的线条和笔触，显然是用毛笔绘制的。目前为止，最早的毛笔实物是战国时期的竹杆毛笔。秦汉以来历代都有著名的制笔工匠和毛笔产地。我国的毛笔约有二百多个品种，主要有羊毫、狼毫、紫毫、兼毫四大类。在诸多品种中，晋、唐、宋时以安徽宣城所制"宣笔"最为有名。到了元代，浙江湖州（今吴兴）地方的笔工，用羊毫和兔毫或鸡、狼毫配制的羊毫或兼毫笔逐渐风行。从此，"湖笔"取代了"宣笔"，成为全国最著名的毛笔品种，湖州也成为明、清的制笔业中心。这种情况一直影响到今天。

◎为什么说最有名的纸是宣纸？

造纸术是我国古代四大发明之一，它对世界文明的发展做出了巨大的贡献。现今时代纸的品种五花八门，然而传统的宣纸依旧盛名不衰。特别是在中国书画艺术中作为不可替代的材料之一。

公元2世纪，我国劳动人民就发明了造纸。东汉的蔡伦改进了造纸，降低了成本，使纸的普及使用成为可能。到了唐代造纸手工业已遍及全国，纸的产地，纸的名目繁多。据《唐六典》卷二十李林甫注，全国各地进贡的纸有益州黄白麻纸，杭州、婺州、衢州、越州细黄状纸，均州大模纸，宣州、衢州案纸，蒲州细薄白纸。其中泾县（今安徽泾县）以青檀树皮做主要原料生产的纸最著名。因为泾县纸在宣州集散故名"宣纸"。宣纸质地柔坚，洁白平滑，细腻匀整，经久不变，便于长期保存，有"纸寿千年"之誉。直到现在，"宣纸"仍然是手工纸中的精品，为书画家们所喜爱。

◎为什么说最有名的砚是端砚?

砚，俗称砚台。制砚的材料很多，有早期的天然砺石，后来的玉、瓷、陶、瓦、竹、木，还有添砚等等。两晋南北朝出了铁砚、铜砚。唐代，砚就有鲁、洮、端、歙四大名砚的说法。山东的鲁砚、甘肃的洮砚仅名重一时，后起的安徽婺源的歙砚和广东高要的端砚相继跃居首位。尤其是端砚一千多年来一直是砚中的极品。

端砚以产自端州得名（今广东肇庆），其石出在肇庆东郊，于高要县东南，烂柯山西麓沿端溪水一带，其中石质最佳者是水岩老坑。石终岁浸在水中，温润如玉。《端溪砚史》称赞它"体重而轻，质刚而柔。摩之寂寂无纤响，按之如小儿肌肤，温软嫩而不滑"。端砚特点是，石质优良、幼嫩、细腻、滋润，具有发墨不损毫，呵气可研墨的特色，且雕刻精美。世称端砚为"群砚之首。

◎为什么说最有名的墨是徽墨？

　　墨的历史几乎与笔的产生相一致。西安半坡遗址出土的陶器上描有墨色纹样，以后在甲骨文上有墨写的痕迹。但是，古人开始使用的墨，只是漆、天然石墨等等。东汉年间，出现了较大规模的制墨作坊，才制造出正式意义上的墨。五代时，易水墨工奚超和儿子奚廷圭迁居歙州（今歙县），改进制墨技术，精制出"丰肌腻理，光泽如漆"的贡墨，受到南唐后主李煜的赏识，赐姓李氏，从此名满天下。宋代，安徽歙州改名徽州，便有"徽墨"之称。宋、明两代的徽墨大体分松烟、油烟两种，其间流派纷呈，名工辈出。清代制墨的数量和质量又超过了历代水平，并且向"精鉴墨"（即专供鉴赏的墨）和"家藏墨"（多用作收藏或馈赠品）的状态发展。清代以曹素功、汪近圣、汪节庵、胡开文四家为代表，所制之墨不仅质量精绝，而且极具艺术价值，使徽墨之名流传影响至今，驰誉中外，成为墨中之冠。

◎为什么选择毛笔要从尖、齐、圆、健四个方面着眼？

　　毛笔的种类很多，有大小、笔锋长短，以及软毫、硬毫、兼毫的区别。但选择毛笔至关重要的是笔锋的优劣。明代屠隆说："制笔之法，以尖、齐、圆、健为四德。"尖，就是说笔锋合起来看很尖，可以写细画和粗画，锋可藏可露；齐，笔锋展开是齐的，没有个别伸长之毛，可使点画圆融；圆，笔腹做圆椎形，写的线条有立体感，即使"细如发丝亦圆。"健，是说笔锋有弹力，运笔时提按顿挫自如，使笔画富于生命感，运动感。除此四德之外，还要求"聚"，就是笔锋能展能收，不散锋；笔杆要直，否则会影响笔势的贯通。另外，要观察笔锋前部要有一段半透明处，称为"锋款"，这一段越长越好。按这些标准进行选择，基本上可以保证选到得心应手的毛笔了。

◎为什么从地下出土的新石器彩陶仍保存完好，富于光泽？为什么把山东龙山文化的彩陶称作蛋壳陶？

  彩陶是我国原始美术的代表，是中国美术的开端。由于新石器时代的先民已掌握了定居、农业和火的基本技能，于是乎制作出以艺术美与实用美相结合的反映原始社会宗教信仰、经济状况和生活习性的大量陶器成了一种复合的文化现象。彩陶集中出现于黄河、长江流域的多个地下文化遗址中，至今除有破碎性的损伤之外，仍然历久弥新且富有光泽，保存较为完好的文物美不胜收，不胜枚举。深刻地反映出早在纪元前5000—2000年间我国原始艺术工匠的高超的智慧和精湛的制陶技艺。

  彩陶文化的早期代表——仰韶文化的遗址中，目前已发掘的陶窑已超过50余座，其地下型制几乎与今天的没有多大的区别。所烧陶器的温度为900~1000℃之间，进而使泥坯的土壤改变了原来的化学性质。马家窑与龙山文化的器皿由于体积和技术的要求，都使用了轮制技术，相应的遗址出土有轮盘。彩陶的陶质分为红陶、灰陶、白陶和黑陶，其中于山东龙山镇出土的黑陶，技术水平最为超常，造型与质地有独特之处，壳体的厚度在0.3~0.1厘米之间，制作于公元前2010—1530年之间。

因其陶器具有黑、光、薄的特点，素有"蛋壳陶"的美称。黑陶是在烧制结束时，从窑顶慢慢加水，木炭熄灭后产生浓烟使陶器渗碳而成的。其质地的硬度在原始陶艺史上前所未有，代表着原始彩陶的一次高峰，在技术和造型上为三代的青铜器做好了历史铺垫。代表作如山东胶县三里河出土的蛋壳黑陶口花柄圈足豆，轮廓曲折多变，造型稳健隽永，具有很高的审美价值。总之，由于先民运用了严谨的技艺与高超的制陶手段，致使现今于地下遗址中出土的大量陶器得以历久弥新，坚固而富于光泽，并在世界艺林中大放异彩。

◎为什么半坡彩陶多以鱼、蛙等动物为纹饰？

半坡类型的彩陶处于仰韶文化的初期，因发掘于西安半坡而得名，以西安半坡、临潼姜寨和宝鸡北首岭等遗址出土的作品为代表。器型多见盆、钵、罐、瓶。器物上的纹样流行有鱼、蛙为主的动物纹，其中尤以鱼纹最普遍，有十余种之多，有人认为这与原始文化中的重要现象"图腾崇拜"有关，因此"鱼"和"蛙"分别是两种不同指意的图腾。据闻一多先生的《说鱼》所示，鱼在中国语言中具有生殖繁盛的祝福含义，所以半坡彩陶中屡见不鲜的多种鱼纹和人面鱼纹也许是氏族子孙祈求"瓜瓞绵绵"、子孙万代的福禄象征。另外，按照我国的上古神话传说所示：鸟的形象寓示着太阳中的金乌，蛙的形象寓示着月亮中的蟾蜍，月代表华族，日代表夏族，而华族即是月氏族的一支，因此月氏族早有鱼、蛙的图腾崇拜了。神话中曾有言：后羿死而化为鱼；《山海经》又说"蛇乃化为鱼，进而又把三代以后的蛇龙合一的神兽与鱼的崇拜渊源联系起来。总之，鱼、蛙纹饰为题之所以在彩陶文化中能够延续如此之久，本身就说明了它不是偶然的现象，而是一个与民族的文明与传统息息相关的事物。有可能半坡氏族以鱼、蛙纹为图腾，人鱼结合的形象和拟蛙纹形象是氏族的标志，是氏族共同理解的象征物。即或并非如此，由于半坡遗址早已出土有大量的鱼叉、鱼钩和网坠鱼具，说明捕鱼在当时的经济生活中占有较重要的地位。由于临水而栖息的客观环境使然，彩陶中能出现描绘有鱼、蛙为题的纹饰，也是原始艺术家对客观世界对本质的反映吧。

◎为什么战国帛画多出土于楚墓？

战国帛画最早的出土物《缯书画像》发掘于1942年，遗址位于长沙东郊子弹库，是现存最早的一件墨书彩绘缯帛艺术品。缯书方形，中间的墨书文本是古人问凶吉的占卜记录，文字四周绘有各种彩色的神异物象，其中的多头多臂神人很像《封神榜》中的形象。帛画四角的四色树木则象征着四方四时，如果将此四木划除，则帛画呈"田"（矩）字型，两"工"（矩）相合是巫觋求神的工具，足见帛画的实际效用。另外的两件战国帛画《龙凤人物》与《人物御龙图》则分别出土于长沙的陈家大山和子弹库，时间较晚，但都是楚墓中的遗物。前者绘一细腰的楚国女子做祈祷状，面对有一夔一凤，似乎是死者祈愿的悼亡图。后者画一危冠长袍的男子乘舟状长龙天游的景象，曾被认为是早年出土的缯书姊妹篇，前者约为这个生前身份为巫师的墓主人的占卜工具，而与这一件绘有主人形象的帛画成了他的两件殉葬品。

以上三件帛画是战国绘画的代表作，它们与同期的大量漆器彩画同出于长沙楚墓可说是无独有偶，从中反映出楚国的厚葬之风和巫术文化之一斑，同时也表现了战国楚人高超的绘画造诣。楚国的大诗人屈原曾因目睹楚地先王之庙中规模宏大的壁画，而创作了含有170多个奇诡问题的《天问》。虽然由于二千二三百年的历史终使地上的壁画无法留存，但如今通过墓室出土的帛画仍然可一睹楚国绘画的风采，无法不令人为其不可眠灭的强大艺术生命力而感叹。

◎为什么说汉代绘画的特色是人神交融？

汉代建立了一个与现代中国大致相近的民族国家，中国的历史学家常常将它与唐代并称。汉朝的皇帝掌握了广大的领土——它包含了楚人的想象与诗意、四川的神话、中部与北方的大量传奇，以及尚不被人全部了解的云南和北方游牧民族的文化。的确，汉代在许多方面都有了不起的成就。而在绘画方面，也标志着中国绘画的进一步发展。

在汉代，除了文学之外可以表达人们的观念世界之外，绘画也可以这样做了。在流传下来的雕漆或衣服图案上所呈现出来的丰富灵感，就为我们提供了这样的证据。长沙软（dài）侯夫人墓出土的帛画，似乎代表了四种生存境界：第一层是太阳、月亮、天堂、仙人；第二层是俗世；第三层即旗帜的最下端，则是所谓的地狱。此类风格之绘画，在汉代绝不只是这一幅而已，它非常普遍，在砖石工石造的墓壁遗迹中到处可以发现它所表现的意念——这是一个人神交融的绘画世界。

◎为什么两汉时期盛行画像石和画像砖？

　　画像砖、石本是两汉时墓室建筑的零部件，但由于它们是经线描后模制或刻制成的优美的艺术作品，从而再现了两汉时代的绘画及雕刻成就，成为那时社会的政治、经济生活的客观写照，它已在画史上据有重要的地位，其艺术价值有着旷世奇绝的惊人魅力。

　　两汉时之所以由画像砖、石占据了古代绘画史的大量篇幅，乃是当时的社会风尚所使然。画像砖、石出现了大批忠孝节烈、报国安民式的主题或题材。由着忠孝双全的封建伦理观的支配，汉代于是崇尚起厚葬之风，事死如事生，大造墓室，并从中烘托出豪华的气象，以待升天后的亡灵继续享用，王符在《潜夫论》的《浮侈篇》中指出：当时的厚葬声势是"东至乐浪，西至敦煌，万里之中，相竞效之"。就是在这种社会风气下，两汉的画像砖、石层出不穷，盛极一时，成了墓室艺术成就的代表。当时的山东、河南，一个是儒教之乡，一个是光武帝刘秀起兵之地，由于教化和皇权的驱使，竞相成了汉代画像砖、石的中心地带。就连那"年甫5岁"的小小人物许阿瞿，也在死后被厚葬于南阳，刻出大量带有其生前形象的宴饮、百戏诸画像，成为今天可看到的两汉画像石艺术中的上佳作品。

◎为什么四川一地出土的画像砖上的内容多涉及现实生活而少神话色彩？

　　两汉时四川出土的画像砖多于画像石，画像砖是模制的，烧成的砖呈青灰色，大约用在墓室四周墙壁上正巧一人多高的位置，作横向排列，一般的砖在30×40厘米之间。四川的画像砖形体起伏很微妙，除了高点仍在一个平面上，物象细部的造型颇具写实色彩，形体含蓄地穿插勾联，比山东、河南和陕西的作品更多了一分雕塑的意趣。艺术风格也更轻快活泼。

　　艺术造诣最高的画像砖集中出土于成都附近，皆为实心的方砖（40×40厘米）或长方砖（46×27厘米），画面构图完整，造型洗炼。四川画像砖的题材内容也独树一帜，除少量如东王公、西王母、伏羲女娲、羽人方士传统神话题材之外，绝大部分是现实生活的主题，其中除了表现墓主生前社会地位的门阙仪仗、车马出行、宴饮百戏之外，反映封建庄园经济和集市贸易的画面却十分显眼，乡土气息特别浓郁；世俗气息也很强烈。甚至成都市博物馆收藏的画像砖还有一块描绘地主贵族互相贿赂的场面，这在标榜艺术的政治化、社会功能化的汉代实在是个新鲜的个例。四川艺术主题之所以如此，与它的具体环境有关。四川古称天府之国，土地肥沃，历史上少有战乱的侵扰，小型庄园经济十分繁荣，多大地主、大盐商，少有帝王的墓室。因此，农业生产和市井场面频繁地出现在画像砖中，艺术风格又自成一体，原因就在这里。成都凤凰山的画像砖还详尽地表现了四川自流井盐场的生产过程，画面以大片林木山丘作背景，构图巧妙，人物纳于自然之中，堪称我国古代绘画史上最早表现山水的艺术作品。

◎为什么说飘逸风神是晋代绘画的特色？

经过三国到了魏晋，尤其是东晋，绘画的情形便发生了很大的变化。它似乎已经从幻想的神话中间走了出来，而注目于人本身的内容。这不仅是当时的哲学精神与艺术精神，同时也是当时的人生态度与生命情调。魏晋人士们对礼法的冲破，对生命的渴求，不正是一种艺术化的生命吗？

从汉末到东晋以前的绘画，虽然受到来自印度或西域佛教美术的极大影响，然而画家们既用佛教美术的手法来从事创作，同时也在寻求着如何表现汉民族的文化与生活。知识分子画家也登上了绘画创作的舞台，他们继承了旧的艺术传统，同时也更新了绘画的观念与形式。张墨、陆探微、张僧繇、顾恺之等都适逢此时，出现于中国的画坛之上。他们不再只注重于绘画的"服务"功能，而是开始探索新意境的表现方式，同时分立科目，在绘画领域中还提出了许多美学问题，促进了绘画艺术的发展。

◎为什么把顾恺之根据曹植的《感甄赋》作的画称为《洛神赋图卷》？

曹植（192—232）是三国时期著名的作家，所作诗现存八十余首，所作文章辞赋有四十余篇，在建安作家中，是成就最高影响最大的人物之一。

曹植曾经心仪于汉末甄逸的女儿，但终于没有得到，他害了相思，日夜思念于她，几乎至于饮食俱废。甄氏先为袁绍之子袁熙的妻子，袁绍被打败后，甄氏被曹植的哥哥曹丕娶走。甄氏后来失宠，因有怨言而被文帝赐死。在黄初三年（222），曹植入朝，他的哥哥也就是魏文帝曹丕向他出示了甄氏曾经用过的玉镂金带枕，曹植见了就情不自禁地落下泪来。当曹植到自己的封地时，一路上仍然思念不已，途经洛水，就依托洛水之神宓妃写了怀念甄氏的辞赋：《感甄赋》。后来，魏明帝将这篇优美哀婉的辞赋更名为《洛神赋》。

顾恺之（344？—405）字长康，小字虎头，江苏无锡人。他的生平事迹我们知道得不多，从当时人的文字中，我们知道他是一位天才的画家，有"三绝"（画绝、才绝、痴绝）之称。在20岁前后，他的绘画就为社会所重视了。

他的代表作除了《女史箴图卷》之外，就是这幅《洛神赋图卷》。取材于曹植的《洛神赋》，而用绘画的手段将文学的意境表现出来了：曹子建那怅然若失的表情，宓妃回眸顾盼、恋恋不舍的神态，让我们至今还为之感动！

◎顾恺之为什么主张"传神写照"和"以形写神"？

顾恺之在创作和理论方面都取得了卓越的成就，谢安竟以为他的画"有苍生以来所无"！因为他从线条到色彩、从形式到内容、从人物的表情到精神的特征，都标志着他比汉代的人物画更成熟、更进步。从艺术语言上来说，他创造了一种被称为"春蚕吐丝"的线描方式，用笔细劲而古朴，仿佛春蚕口中吐出的绵绵不绝的丝线，优美而富有韵律感。说到造型方面，他注重于表达笔下人物的神情，而这主要是靠艺术加工来完成的。如他画裴楷，除了画他的肖像之外，还在面颊上画了三根细细的毫毛，将对象的个性活现于画上；他把谢鲲画在丘壑之中，因为谢鲲最大的理想就是身处于丘壑之中。而他在嵇康、阮籍等人的时候，很长的一段时间内不画眼睛。人家问他，他说一个最重要的位置也是绘画传神之处，就在于眼睛的表现方面。这个理想，用他自己的话说，就是"传神写照"。

顾恺之的"传神写照"或"以形写神"，表现的是一种风度，一种气韵，一种生命意识的含弘恢廓，所以在艺术批评方面独具慧眼的张怀瓘这样评价过顾恺之的艺术："顾公运思精微，襟灵莫测，虽寄迹翰墨，其神气飘然在烟霄之上，不可以图画间求。"从这个意义上来说，顾恺之的画顺应了这一审美倾向，于是他风靡了中国，并使得后人为之心醉神迷！

◎为什么要把顾恺之称为最早也是最伟大的文学作品插图画家？

我国书画艺术历来与文学有着不解之缘，中国画讲究诗画一律，甚至很多题材原从文史典故中来，这个传统由来已久，最早的端倪始见于汉画像砖、石。自汉魏以来，批评家和画家就不断赋予绘画以极强的社会意义，使其"成教化，助人伦"，顾恺之正是在这个人文背景之下创作了他流传至今的三张绘画《女史箴图》、《洛神赋图》和《列女仁智图》卷，表现出艺术家对文学作品深邃的理解力和想象力，使其成为中国画史上最早也是最杰出的文学作品插图画家。

顾恺之的《女史箴图》（唐摹本）根据西晋文学家张华的作品《女史箴》画成，共分9段，每节前录有相应的原文一节。其中的"冯媛当熊"一段，画冯媛遇黑熊能镇定自若，挺身而出，而身后的汉元帝早已惊恐万状，所绘人物生动传神，洋溢着艺术家在那个仕女尚且地位卑微的时代下对节烈女性的崇敬之心与悯恤之情。另外的两件作品《列女图》及《洛神赋图》

中华文化十万个为什么

则分别取材于《古列女传》（卷3，《仁智传》）和三国诗人曹植的《感甄赋》故事。其中采用连环画式构图的后者源出于一段真实感人的爱情悲剧，但画家却在卷末增添了喜结良缘的欢畅结局，表达出他对男女主人公的善意与寄望，显示出顾氏对文学作品的深刻悟性及想象才华，堪称历代文学作品图赋中难得的佳构。

◎为什么谢赫要将"气韵生动"列为六法的第一法？

在中国绘画中，最高的批评标准，就是谢赫六法中所谓的"气韵生动"——它也是中国艺术美学之中一个非常重要的范畴。

按照一般的解释，它是生命运动的振荡或和谐，而且，它还具有一种宇宙论上的意义，即作为批评主体的"气"是一种赋予诸物质形式以生命、性格和意义的宇宙间的精神力量。他同时也认定，绘画本身就是一种赋予物质形式以生命、性格和意义的精神力量，某种连接个体艺术家的作品与规律的东西，而艺术家用手画出的线与形中，也可以发现其中回响着的创造性天资——它引导着我们进入了一个富有魅力的艺术世界，在这里，不管人们是否愿意承认它是中国表现的最高境界，但至少表现了中国从对具体物象的描摹之中解脱出来，进入到了精神世界的自由之中。而一旦人的精神获得了自由，就不会做精神上的奴隶，可以在艺术世界中窥见中国艺术家深心的秘密和领略自然造化的神奇。

◎为什么说展子虔的《游春图》在山水画史上有划时代的意义？

中国山水画的发展，到了隋代（581—618年）已出现了巨大的变化。它不再作为人物故事画背景中的一部分，似同于顾恺之《洛神赋图》或敦煌壁画魏晋期的表现，而是从前者中分离出来；成为一门独立的画科。一改从前"人大于山"、"水不容泛"或山无体势、若钿饰犀节的积习流弊，使人物楼台与自然景物能够进一步和谐一致，进而使山水画具有了妙趣迭出、咫尺千里的意境。展子虔的《游春图》即制作于此一山水画兑变与滥觞的历史转折阶段，所以说，这件迄今所见最早的一件卷轴山水画的杰作具有着划时代的意义与价值。

展子虔生活于北齐、北周和隋代期间，曾在隋朝任职做官。他是渤海（今山东阳信）人，是一位上继六朝传统，下启唐宋画风的画史上极为重要的画家。

此卷《游春图》，绢本设色，纵43厘米，横80.5厘米，现存于故宫博物院。画人们在风和日丽、春光旖旎的时令到野外"踏青"游玩的情景。全画取中虚的构图章法，有烟波浩渺的无限意境。用笔细劲有力但一丝不苟，山石树木虽行笔较活脱，但尚无皴染的印象，画风古朴，是早期山水画应有的典型特色。另外，《游春图》以不青、不绿设色山林，而人物、马匹和建筑则赋以红、白诸色，既统一和谐，又富于变化，从中极好地润饰了画中春意的主题。展子虔的山水画对唐代的李思训和昭道父子的"金碧山水"画法影响较大，古人评他的《游春图》是"开青绿山水之源"，"可为唐画之祖"，可见他不同凡响的历史地位。

◎为什么说唐代的绘画特色是"灿烂求备"？

唐代是一个融会各种文化的时代，强烈的民族自信心使得艺术家们可以使用任何方法来从事他们的艺术创作，而不必去管它是中国的，还是外国的。所以，唐朝300年间，艺术的生命力、伟大的创意、成熟的技法，以及作品数量和质量的繁复多变，都达到了一个空前的地位。

人物画的创作受到高度的重视。像阎立本、韩幹、周昉等人，都因其成就的伟大而对后世产生了非同凡响的影响。其中最伟大的一位，就是被尊为"画圣"的吴道子。山水画方面涌现了李思训，用壮丽的色彩来处理风景、宫殿、行猎等。层叠的山峦、林间的动物、高耸的楼观，都显示了他对于空间结构的重视，试图解决过去山水画中未能解决过的问题。在中国绘画史上，他开创了"青绿山水"一派；王维（699—759）则被公认为是水墨山水画的创始人。他放弃了色彩，只注重于水墨在绢或纸上的变化，以象征创作者的心境。这是中国绘画风格史上的巨变，对中国画与中国美学产生了持久不衰的影响。

唐代除人物画与山水画的变化之外，也是佛教艺术的盛产期，它们被用来装饰各地的名山古刹，吸引了大批的香客和信徒。此时，花鸟画也露出了它的萌芽，即它开始从背景走出来，作为独立的科目而存在。有人将唐代称为"中国绘画史的中枢"，这是不错的。

◎阎立本为什么不让自己的子孙再作画？

初唐杰出的人物画家阎立本（约601—673），雍州万年（今陕西临潼）人。他出身官宦世家，父亲和兄长都擅长书画。阎立本也是唐朝的显官，曾做右丞相，封爵博陵县公。他虽然身居要职，却以绘画著称于世，当时人曾把他与立功塞外的左相姜恪相比较，说是"左相宣威沙漠，右相驰誉丹青"。张彦远在《历代名画记》中又说他"六法备该，万象不失"。

据记载，有一次唐太宗与侍臣学士泛舟春苑，见池中有异鸟临波荡漾，太宗大喜，于是命侍臣作诗咏记，并急召阎立本入宫作画。当时的阎立本已官至主爵郎中，却还把他当做画师来传呼，以至阎立本"奔走流汗，俯伏池侧，手挥丹青，在众大臣面前羞怯得无地自容"。待事成回家后，正伏案习画的儿子见父亲已累得疲惫不堪，就问他刚才上朝有什么大事，阎立本严正地说："我少年好读书咏词，今独以丹青浮名于世，让人家当差役使唤，真是奇耻大辱！你今后还学绘画做什么？！"阎立本的话虽这么说，可是对于艺事却因"性之所好，终不能舍弃"。

这个故事说明，唐王李世民虽表面上非常重视以绘画作为工具维护拥戴他的宫廷事务，甚至还旨令画家画有描绘重大史实的《步辇图》和《历代帝王图》，但对朝中的画师实则是"见用而不重"的，阎立本的地位充其量也没有比当年因丑化王昭君而被皇帝弃诸于市的汉代画家毛延寿高到哪儿去。

◎从阎立本的《步辇图》看李世民为什么把文成公主嫁给松赞干布？

《步辇图》是初唐画家阎立本的人物画代表作，也是这位画家存世作品中最能表现皇朝纪实景观的一幅优秀画卷。此图绢本设色，纵38.4厘米，横129.6厘米，现藏于北京故宫博物院。全画以劲健而平整的线描以及晕染极为适度的设色，描绘了唐太宗李世民坐在辇床上接见前来迎娶文成公主的吐蕃使臣噶尔·禄东赞的情景，形象地记录了历史上最知名的一次汉藏联姻事件。在画上表现的那个场面之后，即公元641年，文成公主下嫁吐蕃王松赞干布，从而开发了入藏的丝绸之路，将内地和西南少数民族的政治、经济生活紧密地联系起来。可是据史传和民间故事所称，当时在长安向文成公主求婚的各国使臣有很多人，那么唐太宗为什么单单会满足禄东赞的要求呢？原来，唐皇出了五个难题来考各路使者，胜者可赢得这门亲事，最终只有禄东赞解开了难题。第一道题是用丝线穿九曲玉珠，禄将线系在蚂蚁身上，从而将线引入了珠孔。第二道题是同时杀100只羊、喝100坛酒、揉出100张羊皮，并吃掉全部羊肉，看谁最先完成。有的使节肉没吃完便醉倒了，有的皮没揉好就累倒了，只有禄令随从取小碗饮酒，边吃边喝边劳作，首先完成了任务。第三次是认出100匹母马和100匹马驹的母子关系。禄将小马驹单独关了一夜，第二天当它们要寻奶吃时，终于看出了各自的母子关系。接着是认出100根中间一般粗的木棒的头和梢，禄将木棒全部浸在水里，按着轻重沉浮，终于认出了木棒的头和梢。最后是在300位打扮得一模一样的美女中认出哪个是文成公主，禄通过公主的贴身侍女打听到她的眉心有一颗朱砂痣，从而破了难题。禄东赞先后胜了五道难题，最后赢得了这门婚事，而唐太宗五难求婚者的故事则至今仍在青藏地区广为流传。

◎为什么将吴道子的画称为"吴带当风"?

吴道子（约685—758）唐代画家。阳翟（今河南禹县）人。少时孤贫。初学书于张旭、贺知章，未成而罢，转习绘画，年未二十，崭露头角。浪迹洛阳时，玄宗李隆基闻其名，任内教博士，改名道玄。在长安、洛阳二地寺观，作壁画三百余间，"奇迹异状，无一同者"落笔时，或自臂起，或从足先，咸不失天度。画佛像圆光，屋宇柱梁，弯弓挺刃，皆一笔挥就，不用规矩。早年行笔较细，风格稠密，中年雄放，变为遒劲，线条富有运动感，粗细互变，线型圆润似"莼菜条"，点划之间，时见缺落，有笔不同而意周之妙。后人把他与张僧繇并称"疏体"，以别于顾恺之、陆探微劲紧联绵较为古拙的"密体"。所写衣褶，有飘举之势，与曹仲达所作外国佛像，衣纹紧窄，世谓"吴带当风，曹衣出水"。喜用焦墨勾线，略施淡彩于墨痕中，足显意态，又称"吴装"。

◎吴道子为什么被称为"画圣"?

　　盛唐大画家吴道子，又名道玄，阳翟（今河南禹县）人，年幼丧失父母，生活贫寒，早年当过画工和雕塑工，又一度临习名书家张旭、贺知章的书迹。后改学绘画，由于学艺刻苦，"年未弱冠，已穷丹青之妙"。吴道子后来因画名被唐玄宗召入宫中，授"内教博士"，官至"宁王友"，从此"非有诏，不得画"。但是这未能完全遏制住这位天才画家的巨大创作热情，现存画迹有传为其作的《送子天王图》长卷（宋摹本），现藏日本大阪市立美术馆。

　　吴平生所作壁画多达三百余堵，卷轴画据《宣和画谱》载录92幅，他是一位十分全才的画家，因具有大胆的想象力，尤善于画地狱变相图，且有即兴的浪漫风尚。其人物衣带飘举，襟胸伟岸，有非凡的生命气度。英国艺术史家苏利文（Michael Sullivan）称他是中国画史中的米开朗基罗。苏轼更认为吴道子是自三代历汉至唐以来画坛上首屈一指的人物。他说："故诗至于杜子美，文至于韩退之，书至于颜鲁公，画至于吴道子，而古今之变，天下之能事毕矣。"北宋郭若虚的《国画见闻志》中则称"吴生之作，为万世法，号曰画圣，不亦宜哉！"可见吴道子的盛名已由来已久。

吴道子的白画一格开创了后世白描人物画的端倪，其人物画有"吴家样"之名，山水画也居有创世的地位，唐代大雕刻家杨惠之曾同他一起习画，因吴早成功名，杨遂转习雕艺，由是与前者被中国艺术史家并称为"画圣"与"塑圣"。

◎吴道子的人物画为什么被称为"吴装"？

吴道子是唐代最伟大的佛像人物画家，他的人物画继承了北朝画家张僧繇的传统，同时又能冲破北齐以来在佛像画方面占统治地位的"曹衣出水"式人物画风，自成一格。宋人郭若虚在《图画见闻志》卷一《论曹吴体法》中说："吴之笔，其势圆转，而衣服飘举……故后辈称之曰：吴带当风。"同时在《论吴生设色》一节中又说："至今画家有轻拂丹青者，谓之吴装（雕塑之像，亦有吴装）。"看来"吴装"在人物的用笔、衣纹布置以及设色法度方面自有一套特色。

传为吴道子所作的《送子天王图》（宋摹本），现收藏于日本，可以窥识"吴装"的大致风范。此卷纸本墨笔，作佛祖本生故事，图中人物取法兰叶描，用线劲健，顿挫有致。画上有迎接释迦的天鬼，披巾戴帛，舞动生风，这神怪张皇不宁且杂糅着敬畏佛祖之心，可见道子妙笔生动的传神之处。历来论画者以为吴装"用笔全类于书，贵乎笔力"，恐怕这种"离披点画"、"笔才一二，像已应焉"的人物画法与张旭、贺知章的草书用笔不无深刻的关系。明代周履靖撰写的《无形道貌》提到历代衣纹的十八描法，其中"柳叶描"与"枣核描"便是吴生所创。相传道子画的金刚力士，其肌肉发达处用的就是枣核描法。现在敦煌103窟里的壁画《维摩诘》像，仍能看出吴道子的作风。他的佛像人物也被称为"吴家样"，所谓样，即是楷模的意思，而在画史上可称为"样"的画家并不多见，可见吴装的价值与意义。

◎吴道子为什么要请裴将军舞剑以助画兴?

唐开元年间，吴道子随皇帝去洛阳，遇见了舞剑名手裴旻将军及大书法家张旭。裴旻请吴在天宫寺作壁画，以超度其死去的双亲。吴道子不肯接受酬金，裴旻曰："闻裴将军旧矣，为舞剑一曲，足以当惠。观其壮气，可助挥毫。"旻因而墨缞为之舞剑。精彩绝妙的剑舞，激发了吴道子的创作灵感，他"挥毫图壁，飒然风起，俄顷而就，若有神助。"张旭也笔走龙蛇，写下了一壁狂草。洛阳人看了高兴地说："一日之中，获睹三绝。"创作要有灵感，吴道子请裴旻舞剑，就是要激起创作灵感，以下笔有神，创作出好的作品来。

◎为什么张彦远说山水画之变"始于吴，成于二李"？

唐时山水画的发展速度与规模已大大超越了前代，山水画形成了李思训与王维相对应的青绿与水墨二体。李思训（651—718年），画史上称为大李将军，与他的儿子昭道又被称作二李。二李多以"勾勒成山"，采用大青绿著色，所画树叶用夹笔，以石青绿填缀。尤在设色上确立了青绿为质、金碧为纹的"金碧山水"画法，为后世青绿山水画的发展奠定了基石。现存于台北故宫博物院的《江帆楼阁图》是李思训的代表作，画江天浩渺，游人络绎，风帆溯流，古松苍郁。其青绿敷色可见展子虔画风的渊源，而画中山石又略见皴染，从而超出了展氏原有的格局，笔法更具新意。

张彦远在《历代名画记》"论画山水树石"中说。"（唐代）山水之变，始于吴（道子），成于二李"，这则画论曾令人产生质疑，因为李思训先于吴道子而死，所以不少人认为山水画不能以吴为始，也不能以李为成。但是张彦远的这段话并没有错。朱景玄在《唐朝名画录》中曾记载天宝年间吴道子受明皇之命与李思训同赴四川嘉陵江作画，归朝后吴一日画成三百余里的蜀中风光，而李用数月方就，他们同样得到了唐明皇的夸奖。张说："山水之变，始于吴"，这是指吴生"于蜀道写貌山水"之时始创了山水之体。此时二李尚健在，年轻的吴道子因为画艺早熟，故而以山水变革之始的职责迎合了时代。但到其中年以后，由于画家把更多的经历放在了佛道壁事的工程上面，所以，青绿之体山水画的确立之任，就自然落到二李的身上。因此若论史实，张彦远的理论仍然正确地为我们勾画出一个中古山水画的发展脉胳，其见解是应当引起我们重视的。

◎为什么把顾、陆、张、吴定为中国的"画家四祖"？

前三者在画史上又称为"六朝三杰"，吴道子是唐朝的画圣。明人杨慎以《画品》称他们是"画家四祖"。其实早在唐代，大理论家张彦远就在《历代名画记》中记有论顾、陆、张、吴用笔一节内容，把前代的三杰和同时代的"画圣"合在一起评论他们的功就。

这四个人都是中国绘画史上出现较早的著名画家，从东晋顾恺之伊始，每个人都有完整的艺事活动和较为详实的生平见于画史记载，而且他们都长于人物画的创作，卓有成就。张怀瓘于《画断》中总结六朝三杰的人物画特色是："象人之美：张得其肉，陆得其骨，顾得其神。"陆探微画人物喜用"连绵不断"的笔势，因此有"一笔画"的美称。于是张彦远在论四祖用笔特色时把他和画风相近的顾恺之并述，称他们为密体，而把作画贵为"笔才一二，像以应焉"的张僧繇与吴道子的绘画称作中国画疏体的典范。其实从四祖的疏密二体的一个侧面，也可观照出日后人物画工写粗细两种风尚不断流变的初衷。史家与历代名画手通常把以上四位的绘画视作标榜，流派衍承者众多，可见四祖对后世的影响之大了。陆探微的人物画有六朝的秀骨清像之风，被谢赫推为画品最高者，顾恺之人物富于传神写照，而张吴二家的梵像人物后世皆以"样"为其冠名，故而这四人能荣膺画祖之位。在中国绘画史上原本是当之无愧的。

◎王维为什么被当做山水画中的南宗之祖？

在王维之前，吴道子成功地改造了来自西域的佛教艺术，而使它更适合于中华民族的文化风格。但是，在这种精能雄放的画风之外，人们又推出了王维，以改造吴道子，使之更适合于文人士大夫的那种畅神适性。苏东坡的诗最能说明这个问题："摩诘本诗老，佩芷袭芳荪。今观此壁画，亦若其诗清且敦……吴生虽妙绝，犹以画工论。摩诘得之于象外，有如仙翮谢笼樊。吾观二子皆神俊，又于维也敛衽无间言。"东坡在这里找到了吴道子与王维的不同之处：一个豪逸激荡，一个清新绝尘；一个精能神妙，一个诗兴入神……王维既不同于有"画工"之诮的吴道子，也不同于金碧辉煌具有皇家气息的李思训——这样，文人形象的王维及其意义，就凸显出来了。

另外，王维的审美精神也符合了文人的美学精神——艺术与艺术家在人生与艺术的地位因诗性与诗心的加入而提高了。与苏东坡同时的沈括在《梦溪笔谈》卷十七论王维的画时也说："书画之妙，当以神会，难可以形器求也。世之观画者多能指摘其间形象位置、彩色瑕疵而已。至于奥理冥造者，罕见其人。如彦远评画，言王维画物，多不问四时，如画花往往以桃、杏、芙蓉、莲花同画一景。予家所藏摩诘《袁安卧雪图》有雪中芭蕉，此乃得心应手，意到使成。故造理入神，迥得天意，此难可与俗人论也！""得心应手，意到便成"和"造理入妙，迥得天意"，此时已经作为一种理想而系于王维之身了。

文人作画，只是想发抒一下蕴藏在他们心中的诗情而已——文人需要一种诗兴的抒发，而吴道子却无法提供这些东西。于是，自称"宿世谬词客，前身应画师"的王维，就成为一位理想的人选了——以诗名闻天下，而画又非专门从事绘画的人所能比拟，在朝中做官，有自己的庄园，信佛——所以，我们确乎也再找不到谁能像王维这样符合后世文人的理想了！

◎为什么苏轼说王维"诗中有画，画中有诗"？

王维虽然没有可靠的画迹留下来，但他的诗篇文章却是历历在目。

在王维的诗中，一字一句都含着一片禅机，一份悠然、一种超然、一种洗净烦恼的人生的禅趣，恬然自得——人们读起他的诗，也会在他的感染下，放下争逐之心、功利之念、贪欲之情，深情的冷眼将朗照出觉悟——更加澄明。

从某个角度来说，文人艺术家对王维的推崇，主要是源自于他所创作的诗歌中的情趣。苏东坡在一则题跋中非常明确地肯定了这个问题："味摩诘之诗，诗中有画；观摩诘之画，画中有诗。诗曰："蓝溪白石出，玉川红叶稀。山路元无雨，空翠湿人衣。"此摩诘之诗。或曰非也，好事者以补摩诘之遗。不管这首诗是否王维的作品，苏东坡借这首诗阐发了"诗中有画，画中有诗"这一原则却是最为重要的：诗中有画，是诗人的事，而一位伟大的诗人，做到这一点极为容易，就像苏东坡在一首题为《净因大觉琏师以阎立本画水官遗编礼公公既报之以诗谓某汝亦作某再拜次韵仍录二首诗为一卷以献）之二的结语："应信一篇诗，皎若画在前！"画，必须表现诗意，却不是所有画家都能做到的。《东坡题跋》下卷《跋蒲传正燕以山水》中有一句话，可以视为这一原理的具体补充："燕公之笔，浑然天成，粲然日新——已离画工之度数，而得诗人之清丽也！"所谓的"度数"，即技术；而诗人的清丽，却必须有诗人的情感、性灵、人格做保证，即它是诗人的一种气质的自然流露。更进一步地说，离开"画工"越远，就越会富有诗意。

诗意图

◎杜甫为什么说韩干的马只画肉不画骨？

韩干《照夜白》

韩干是中唐天宝时期一位重要画家，他的绘画才能很早就显露出来而有幸被王维发现，王维给予他十几年的经济资助，使他由一位酒店雇工成供奉内廷的太府寺丞。

韩干擅画肖像、人物、鬼神、花竹等，尤工于绘马，玄宗李隆基曾命他向陈闳习画马，但韩干师学曹霸而重视写生，因而与陈闳"螭体龙形"的风格不同，玄宗曾诘问之，韩干答曰："臣自有师，陛下内厩之马皆臣师。"写生使其笔下的骏马肥腴雄俊，骨力内含，独创一体。

杜甫在《丹青引赠曹将军霸》一诗有："弟子韩干早入室，亦能画马穷殊相，斡惟画肉不画骨，忍使骅骝气凋丧。"其中画肉不画骨正是韩干勇于创新，打破传统，独创肥硕骏马画风的写照。

◎为什么说张萱《虢国夫人游春图》的主要人物不可确指？

现存于辽宁省博物馆的镇馆之宝《虢国夫人游春图》卷虽被定为宋人摹本，但在尚无更早善本出现的今天，仍不失为研究该作品原作者张萱的绮罗人物画法的最佳画卷。此图绢本设色，纵51.8厘米，横148厘米。按《宣和画谱》所记，光是以描绘虢国夫人出行的仕女画，作者就前后作有不同的三本，可惜于今仅见此卷流传。本卷描绘了虢国夫人、秦国夫人带领侍从骑马踏青的场景，加上妇孺共计有9人，从而从图画方面为那骄矜一时且风情荡漾的杨氏姐妹留下了动态的印记。我们知道，宋元以前的画迹除了标题外几乎没有什么款识，况且唐人崇尚以时新的现实题材入画，又不像两汉画家流行历史故事的宣教画，还在每一人物的上方留记榜题以示姓名。所以这幅仅在绫隔水上题有"金章宗完颜璟题天水摹"的画卷就为我们今天的鉴定家留下了一桩无头公案，到底画中那一字排开又绝无道具说明的9人当中，哪个是主角虢国夫人呢？

由于没有原作者在图画以外作明确说明，历来鉴定界就有多项说法，如辽宁省博物馆方面认为卷上右起首者为虢国夫人，美术史家王伯敏先生认为左进第四第五人分别是虢国夫人和秦国夫人，还有说法认为右起第三者为虢国夫人，李浴先生更认为虢国夫人是后部中央抱婴之妇者，各家说法不一而足，看来很难有一种定论。

◎《虢国夫人游春图》一画中的仕女为何会着男装?

画中的虢国夫人，因为仰仗她的妹妹在天子面前得宠，所以整日里过着放浪无度，奢华萎靡式的生活，而追求时尚更是她的开心乐事。

当时的妇女不论在宫廷与乡野，都流行穿男装，这是盛唐流行的一种习俗，并且从上至下甚是普及。一方面是由于上层妇女增加了外出活动，穿宽袍大袖不很方便；一方面也从中不难看出唐人心胸开放、妇女无过多禁忌的长处。此卷中即描写了三位仕女穿着男装，真实地反映了唐朝仕女的生活面貌。其实不仅唐代的长卷上有如此描写，同时出土于乾陵周围墓室中的壁画仕女人物也多如此表现。

唐代女子好著男装，有详细的史料可以佐证。如《旧唐书》载有："开元初，从驾宫入骑马者，皆著胡帽，靓妆露面，无复障蔽。士庶之家，又相仿效，惟帽之制，绝不行用，俄又露髻驰骋，或有著丈夫衣服靴衫，而尊卑内外斯一贯矣。"可见这是一种社会时尚。"虢国夫人承主恩，平明骑马

虢国夫人游春图　张萱

入宫门，却嫌脂粉污颜色，淡扫娥眉朝至尊。"张祜的这首诗同样精辟地再现了国朝第一夫人们的骄奢面貌，而张萱能选择这一生活侧面来表现，足见其高明之处。故而此图既成为现实生活的写照，又具有了丰富的社会内涵。

◎《虢国夫人游春图》一画中的马鬃为什么扎成花状？

　　唐画中的人物与鞍马都是显赫一时的画科，这与当时的经济政治背景分不开。唐朝的开宗立国者李世民即以自己的宝马良驹英勇善战而创立了天下，至今在陕西省博物馆还可以找到这方面的历史见证。唐代的鞍马画家曹霸、韩干无不以描摹皇家御厩里的名马见胜一时，深得皇帝宠爱。

《虢国夫人游春图》所画虢国夫人随众出行，并未描画出早春郊野的自然佳景，但画家正是以马的炯炯神态、款款步履暗示出人物踏青时的闲暇意态。郭若虚在《国朝画征录》中提到唐人崇尚三花马，是指宫廷中御马的马鬃往往被装饰成三花状，所有皇亲国戚的马匹也都以此作为修饰，盛行一时。天宝四年（745年）杨玉环被册封为贵妃，深得玄宗的宠爱，传说她的三个姿色天香的姐姐韩国、虢国和秦国夫人也一时间骄横跋扈，不可一世。她们每年清明节在长安郊外踏青，红尘滚滚，声势浩荡，衣着华贵，所骑御马虽丧失了唐太宗坐骑的骁勇气势，但雍容风度却历朝莫可比。因此此卷中除画有紫骢、骅骝名种马之外，另有三卷鬃花的装饰，或佩戴大红踢胸，而且呈现丰肥之体，就是极写实的表现了。

◎为什么周昉笔下的仕女多"以丰厚为体"？

中唐画家周昉，字景玄，京兆（西安）人。初学张萱，后稍变其风，自成一家，其仕女人物的画名有出蓝之美，现存于辽宁省博物馆的《簪花仕女图》和故宫博物院收藏的《纨扇仕女图》是其代表作。周昉的人物画有周家样之称，他笔下的仕女如上两卷者，多脸颊丰腴白皙，鬈发乌黑高耸，纱衣罗裙曳地，隐现贵妇丰肥的体态，大有"罗薄透凝脂"的诗意。

相传唐人喜尚妇女、"以丰厚为体"，鲁迅说过唐人不算弱，也许这与唐代帝国疆土博大、市相繁荣、人们乐观向上的思想境界有关。这也是健康的表现，画家争相描摹"态浓意远淑且真，肌理细腻骨肉匀"式的仕女便成了一种社会时尚。足见当时的审美标准是何种模样了。其实不仅周昉的画作这样表现仕女的丰肌肥体，现藏于西安省博

簪花仕女图

物馆的众多优美的唐三彩仕女俑以及新疆吐鲁番唐墓出土的仕女幡画也复如此，倒是需要我们留意的是，从战国楚墓出土的帛画到后来明清的仕女画像来看，中国古代的大多数光阴中，妇女的唯美标准还是滞留在娉婷细腰、姣巧怡人以及弱不经风那一种林妹妹的大势之上的。

◎为什么说周昉的仕女画比张萱的绮罗人物更技高一筹？

张萱与周昉，一个是盛唐，一个是中唐时的画家，但都精于仕女人物。周昉师从张萱，二人的画法大体上区别不大，

所画仕女都是先以淡墨勾脸、手部，而长眉、眼睑、眸子及唇裂线皆以浓墨点画，发髻乃大片平涂重墨，而发梢部及鬓角乃以细线勾提，并加淡墨晕染，取其乌鬓如云的效果。面颊微晕淡红，所不同者，张画"朱晕耳根，以此为别"（汤垕《画鉴》）。周画衣纹古拙略带方劲之势，设色朱紫深染。

那么画法无出左右，为什么说周画更技高一筹呢？拿周昉《簪花仕女图》为例，该画中所作宫廷贵妇共计6人，整群人物绮罗锦缎，设色雅正，似乎手法高过张萱，但论仕女动态却无甚突出的彰显，这反倒增加了作品的看头。尤其是仕女的表情极为内敛，情绪复合化。若以动态表情论，张萱的《捣练图》和《虢国夫人游春图》都胜于此画。《捣练图》中宫女劳作时的动态实在惟妙惟肖，令人过目不忘，就此可以证明张萱的绮罗人物具有极强的写实功夫。以上两个长卷实属时新之作，但细品一番，人物并没有周昉此图中的仕女更耐琢磨，试看卷上右起第四位持花的少女，目光茫然，持物忘情，正是红花有盛有败，芳容是否可以执之以恒？！周画之高就在其中，所谓宫花寂寞绯红，而"一朝春尽红颜老，花落人亡两不知"啊！这是仕女的正常心态，有生理和社会的属性，虽说是一个封建士大夫眼中的仕女肖像，但个中的人性生发又有多么博大的魅力哟。

周昉善长抓取仕女的心理活动与精神特征，画史上曾有记载，称周昉虽是晚生，但唐人反视张萱为周昉之流（见朱景玄的《唐朝名画录》），可见艺术上的高下之分在技法上或许难分伯仲，但惟有切入人性的实质，画家方能以少许的优势功成于万古。

◎为什么清代的乾隆皇帝要在戴嵩的《斗牛图》上题"股间微露尾垂垂"一诗?

戴嵩是唐代著名的画牛专家,他视"牛畜非文房清玩",因此画牛时喜欢把牛放归于自然,"穷其野性筋骨之妙"。相传他笔下的"牛目中有牧童影",可见戴嵩对牛的生活习性有充分的了解,故得其神趣。戴嵩画牛初学韩滉,但画史上称他独步一时,"过滉远甚"。因与画马大家韩幹齐名,素有"韩马戴牛"的美誉。

就是这样一位才华横溢的大画家,殊不知也有凡人常有的过错。据说四川有一位处士喜富收藏书画,其中有一幅戴嵩的斗牛图,他特别珍爱。一天,他取出画幅晾晒,正巧被一位路过的牧童瞧见了,这位牧童竟在一旁拍手大笑,主人问其故,牧童说:"牛在相斗时,力气全用在角上,而尾巴夹在屁股间,可是画上的牛却翘着尾巴,岂不是画错了吗!"主人听了恍然大悟,连连对牧童点头称是。后来事情传到画家那里,戴嵩并不恼怒也不固执己见,而是埋头复察起斗牛时牛尾的情状,虚心秉承了村童的意见。所以如今我们所见的《斗牛图》,作两牛角牴,尾巴则夹于两股间,斗牛的"野性筋骨"就更加逼真传神了。

可见戴嵩确是一位勇于接受批评的画家，他的画不仅没有受到后人的贻笑，反而令我们十分信服，怪不得连清代的乾隆皇帝也特地写了一首题画诗，诗作：

角尖项强力相持，蹴踏腾轰各示奇，

想是牧童指点后，股间微露尾垂垂。

◎ "东方药师变" 和 "西方净土变" 为什么在唐代敦煌壁画中出现最多？

佛教发展到了唐代，共形成八大宗派。即天台、三论、华严、法相、净土、禅、密、律宗，其中以净土宗和禅宗影响最大。净土宗宣扬西方极乐净土，并宣称只要念阿弥陀佛、观音菩萨法号，就能得救，死后进入极乐世界。唐代是我国封建统治的昌盛阶段，经济繁荣，文化复兴，包括武则天这样的上层统治者，都不惜拿出自己的脂粉化妆费二万贯修筑龙门奉先寺，建造卢舍那大佛，何况许多社会底层的庶民百姓，更切望自己死后升天，进入西方佛国。因此那时候真有许多人站在屋顶上口颂阿弥陀佛上千遍，然后纵身一跃，以为能够早日升仙成佛呢。这样一来，在闻名东方的佛教石窟胜迹敦煌的壁画中，描绘西方净土变相的绘画就大大增加了。

净土变相一般是描绘宏大富丽的亭台楼阁，花树瑶池，歌舞伎乐，实际上是画工按现实的贵族生活对佛经的再创造。在佛经中，药师佛是救死扶伤，居于东方琉璃净土之佛，与居于西方净土的阿弥陀佛相对应。药师净土变与西方净土变实质上是同义的。其实这种略显享乐色彩又无关痛痒的极乐世界——即西方净土与东方药师的佛界幻象恰恰是唐代社会安定，等级明确和唐人内心富于激情与人世精神的最本质的映像。这方面的代表作有敦煌148窟的东方药师变与220窟的壁画《七佛药师净土变相》，以及172窟中的西方净土变等等。

◎为什么说敦煌莫高窟第158窟的释迦涅槃卧像是目前古代石窟中一尊最大的室内卧像？

敦煌莫高窟第158窟西壁前的佛坛上躺着一尊巨大的释迦牟尼涅槃卧像，全长15米，它是我国石窟遗址中最大的一尊室内卧佛。卧佛双目微闭，睡意朦胧，身上柔软圆润的衣纹更加强了安稳静穆的气氛。彩塑巨型卧佛是按照佛经的记载塑成的，"即于是夜，左胁而卧，泊然大寂"。佛的脸上呈现出祥和的情绪，充满了对生命劳绩的欣慰与对来世的切盼。与众不同的是，艺术家在表现众徒悲恸的场面时，并没有沿用雕塑的固有手段，反以壁画的形式结合西域的多民族特色，描绘了各国王使举哀至极的历史瞬间，使艺术主题主次分明，别具一格，再度显示出敦煌佛教艺术的丰富多彩性与卓然的业绩。

第158窟的卧佛比例适度，造型洗练，以石胎为骨干泥塑而成，并赋着色。佛头部面相圆满，修眉与双眼富于线性的韵致，使佛看上去更像一个恬然入睡的唐代仕女，再度体现出中唐雕塑艺匠身手不凡的高超艺术造诣。需要指出的是，这尊大像比著名的四川大足宝顶山石窟中宋代的卧佛像要小16米，但后者只是目前我国最大的一尊室外卧佛，佛像并无完整的窟龛建筑。另外，建于西夏的甘肃张掖大佛寺中的泥塑卧佛，横长35米，虽为现存全国最大的一尊泥塑卧佛，但卧佛像纯系建造于保持着西夏风尚的寺庙之中，与此处说法略为有异。

◎为什么说张彦远的《历代名画记》是画史之祖？

张彦远字爱宾，是晚唐时期的书画家和杰出的书画史著述者，他的《历代名画记》一书，是影响深远的一部绘画著述书，成于唐大中元年（847年）。作者对有史以来散见于诸书的画史资料进行了广泛收集和系统的整理。总结了前人对画史画论的研究成果，开创了百科全书式的画史编写体例，写出我国第一部完整的绘画通史。该书共十卷，叙述了绘画发展源流，详述了自上古至唐的鉴赏、收藏及市场价格情况，又有从传说到会昌元年（841）间310名画家的传记。由于晚唐之前的画史著述多不存，该书便成了了解此段绘画及理论的重要著作。他对中国绘画历史的发展，阐述了自己的见解，至今仍有参考价值。这本书奠定了中国编写民族绘画史的博大体系，为以后各类绘画著述的出现开拓了广阔的领域。

◎为什么说朱景玄的《唐朝名画录》为首部绘画断代史？

朱景玄，吴郡人，唐元和至会昌年间（806—846）人。曾官翰林学士，太子谕德。他根据"不见者不录，见看必录"的原则，以可信的第一手材料，参考《独异志》与《两京耆旧传》等笔记杂著中的相关记载，写成了《唐朝名画录》。该书又称《唐朝画断》或《名贤画录》，共评介唐代画家一百二十余人。按"神、妙、能、逸"四品排列，"神、妙、能"是分别优劣的，"逸"是画法特殊的。在每个画家评传部分，不但记述了画家的生平、故事、画迹，也对画家的造诣和成就进行了评价，是已知的第一部断代画史。

◎为什么说五代画家贯休是人物画发展史上风格最为特异的宗教人物画家？

贯休生于832年，卒于912年，他7岁在兰溪出家。他作为一个僧人，曾居留杭州、苏州等地。在唐昭宗天复年间（901—903）也就是他的晚年入四川，然而却受到了蜀王建（908—918在位）的重用，称他为"得得来和尚"，赐号禅月大师，最后他死在了四川。

在唐末的四川，寺庙林立，也促成了佛道人物画的创作极度繁荣，甚至成为绘画领域中占第一重要位置的画种。贯休绘画中最为著名的，当属他的"罗汉像"。"罗汉"，梵语Arhant的音译，亦译"阿罗汉"（略称罗汉），是小乘佛教修行的最高果位。《宣和画谱》卷三是这样描绘他笔下的罗汉的："状貌古野，殊不类世间所传，丰颐蹙额，深目大鼻，或巨颡槁项，黝然若夷獠异类"。而我们则可以用"古谲"二字来形容他的画风。这一幅幅罗汉图，极度夸张但真实地体现了在罗汉身上所具有的那种神秘感——宽大扁平的关颅、高突如瘤的颧骨、瘪塌干瘦的脸颊、斜挑的长眉、精光四射的锐目、双孔朝天的狮鼻、龇牙厚唇的嘴巴、硕大失衡的耳朵……这一切虽然没有美可言，然而却让人感到高度的真实。

从画面上看，罗汉们身上的衣纹被勾得一丝不苟；他用顿挫有致的笔法画出与人物相衬的山石，并将晕染阴影的技法用到山石的明暗和立体感与质感方面。有几幅画上的石头让人想起太湖石的感觉。与流行于上一世纪的自然主义画风相比，贯休的画开始追求一种平面的、强烈的程式化了的抽象图式形态。在他表面上的装饰之风的背后，实际上蕴藏着一种主观的表现主义情趣。

◎顾闳中为什么要画《韩熙载夜宴图》？

顾闳中是南唐的画院待诏，是五代时期杰出的人物画家。《韩熙载夜宴图》就出于他的手笔。

据《宣和画谱》记："是时，中书舍人韩熙载，以贵游世胄，多好声伎，专为夜饮，虽宾客糅杂，欢呼狂逸，不复拘制，李氏惜其才，置而不问。声传中外，颇闻其荒纵，然欲见尊俎灯烛间觥筹光错之态度，不可能，乃命顾闳中夜至其第，窃窥之，目识心记，图绘以上之，故世传有《韩熙载夜宴图》。"也就是说，顾闳中是奉了李后主的圣旨而去画这幅画的。

此画现藏于北京故宫博物院，长335.5厘米，高28.7厘米，绢本设色。全画以屏障等物作为间隔，将画面分成五个场面：第一段以听琵琶演奏为中心；第二段以王屋山的跳舞为中心；

第三段以韩熙载被众女伎所包围为中心；第四段以更衣后的韩熙载听诸女伎奏乐为中心；第五段则以他的客人同诸女伎调笑言情为中心。全面共有46个不同的人物形象，在卷后有一幅无名氏的行书题跋，说明这幅画的主要人物，有韩熙载、状元郎粲、舞蹈家王屋山、教坊副史李家明和他的琵琶演奏家的妹妹、韩熙载的门生舒雅、好友陈致雍、紫微朱锐以及僧人德明等。他们分别出现于不同的场合之中。

顾闳中的这幅作品，极为传神地表现了韩熙载在夜晚举行宴会的情形。当顾闳中将这幅画作完交给后主李煜后，李极为恼火而又不便指责于韩熙载，于是又命顾闳中将此画交给韩熙载，以便使他有所愧疚……

◎为什么《韩熙载夜宴图》中的主人公要紧锁双眉？

韩熙载是一位在政治上有才干、在文艺上有才能的士大夫，然而却因生活于乱世之中而不得施展自己的才华，国家的悲剧和个人的悲剧都集中在了这个时代。主观愿望和客观现实的冲突，构成了他精神极痛苦而不得不借沉迷声色以摆脱精神之空虚与苦闷的情形。

在这种苦闷的心情中，韩熙载怎能不紧锁双眉？即使他真的每天都沉溺于声色之中，但这是否真的能排解他心中的痛

韩熙载像

苦？

在顾闳中的笔下，不管韩熙载出现在什么场合，我们一看就知道谁是韩熙载，而他竟在这件作品中出现了五次；侧面坐于床榻之上、正面坐于椅上专心地听着琵琶、脱去宫服击鼓……仅从此就可以看出顾闳中超凡的写实能力与表现能力。而且，顾闳中还没有停留在表面的写实之上，他更将笔触深入了韩熙载的内心世界，并通过不同场面而将他的神情表现出来了。全图运用连续构图形式（这一点应该是沿袭了顾恺之《洛神赋图卷》的构图方式），虽然也以屏风、隔扇将全面分开，然而似断又连，大有一波未平、一波又生的妙趣，设色绚丽而和谐，艺术水平极高，堪称传世的瑰宝。

◎为什么说荆浩的《笔法记》是我国山水画理论的经典之作?

荆浩字浩然,河南沁水(济源)人,生卒不详。他世家业儒,做过小官,唐亡之后就隐入山西的太行山中致力于绘画。按他的《笔法记》的说法,在山中他遇到了一位隐士,指点他绘画的迷津。就是在这本著作之中,可以看到他主要的绘画思想。在这篇文章中,他除了强调笔墨的重要之外,还特别提高了"思"的地位。尽管"思"到底指什么并没有确切的定义,然而有一点是肯定的,即他强调画家在作画时苦心经营和意识的能动性。画家应该从自然中接受和发现它们的基本而永久的方面,然后将它提炼为一种艺术语言,并将它表现在自己的作品之中。换言之,他是在求绘画的"真"。而不在求绘画的"似"。在他看来,画家应该是贤人、学者和哲学家,否则就不会体现绘画的伟大。他的作品现存《匡庐图》(185.8×106.8cm),是非常雄伟的"全景山水"。与前代山水画不同的是,他的皴法已经出现了明显的风格化,而且连绵重叠的山形,也构成了一个统一的连续空间。从中可以看到他高度的组织画面的能力,和细微的创作技巧。

综合他的创作和他的理论来看,荆浩的《笔法记》都占有十分重要的位置。

◎米芾为什么那么推崇董源的画？

董源没有留下详细的传记，没有出现在例如苏东坡与黄庭坚的著作里面。我们现在只知道他在南唐小朝廷上做后苑副使，远离黄河流域，另外也没有记载说他入宋，也许在南唐亡国之前，他就已不在人世了。他的代表作是《夏山图》、《潇湘图》等。

董源水墨山水画所具有的风格，特宜于中国文化南移之后，尤其是当画家的题材从北方的高山峻岭向南方的江湖溪谷转移的时候，董源的意义就凸显出来了："至其自出胸臆，写山水江湖，风雨溪谷，峰峦晦明，林霏烟云，与夫千岩万壑，重汀绝岸，使览者得之，真若寓目于其处也！"（《宣和画谱》）每天乘船游玩于江南的米芾，自然会欣然将董源引为同调，并极力地推崇他："董源平淡天真多，唐无此品，在毕宏上。近世神品，格高无与比也。峰峦出没，云雾显晦，不装巧趣，皆得天真，岚色郁苍，枝上劲挺，咸有生意。溪桥渔浦，洲渚掩映，一片江南也！"在米芾的眼中，这种"一片江南"显得异常的亲切，并在图式上面真正彻底地符合了他对于"意趣高古"、"率多真意"的美学追求。值得注意的是，米芾淡化了在董源绘画中的民俗意味，而只关注其形式与审美趣味了。尤其是当巨然出现在画坛并被后人所尊敬时，董源则作为一名山水画家而驰名于画坛了。

◎为什么董源的一幅最有名的作品被称为《龙宿郊民图》？

　　《龙宿郊民图》又名《龙袖骄民图》，五代董源作，现藏台北故宫博物院。绢本设色，纵156厘米，横160厘米，图中山峦圆浑，草木丰茂，杂树丹碧掩映，一派秋日风光。山麓人家家张灯于树，水边连舟竖彩旗，舟上数十人连臂作歌舞状。人物或衣青红，或着粉素。船头岸上均有人挥臂击鼓，似节日嬉娱之景。本幅无款署，诗堂董其昌题，"董北苑龙宿郊民图真迹"。后为王鸿绪及清内府收藏。《龙宿郊民图》的名称由本据阮元在《石渠随笔》中谓。"收藏家有题为龙袖骄民者"，据此，沈曾植、启功引《武林旧事》及元明曲剧，谓"龙袖"即"天子脚下"，"毂辇之下"，"骄民"即"骄养之民"，"幸福之民"以"龙"为"笼"殆从娇媚之意着眼。此说持之有据，今即改称《龙袖骄民图》。

◎为什么说巨然是第一位僧人山水画家？

　　第一位伟大的僧人山水画家，应该是非巨然莫属的。他是钟陵（今江苏南京）人，我们已经找不到记载他的生卒年的文献了，只是知道他出家很早，南唐后主李煜降宋的时候（975）也随之到了开封。曾为当时的学士院画过壁画。董源的水墨一种疏林野树、平远幽深，正是由巨然继承下来并由巨然传到了宋代，而为北宋诸人的品评确立起来的！

　　在他们二人的画中，景象不再是刻意选择的那种劲峭挺拔，而只是随眼看到的江南山水，也正是这种江南山水，最能体现大自然的那种清旷闲适。它们是幽谷、白云、寒松、片石、勺水，而不是大川、暴雨、鲜花、宫室、巨流。看看董源与巨然的绘画，不正是这样吗？

　　巨然的《秋山问道图轴》（156.2×77.2cm）虽然有北五代与北宋时期山水画的那种繁复与厚重，但是却有一种异常简静的意味，而为别的画家所不具备——从他那牢固的稳定性和深厚的安详感上面，可以看出它们似乎有着某种潜在的流动性。他的线条披拂有致，水草在溪流中飘动，山风吹过树丛发出沙沙的响声。尤其是那微妙的墨色更让人感到一种说不出的神秘。所以巨然虽然学董源，并且风格极像，然而如果我们细心观察，就会发现，巨然的画比之于董源，更平静、更淡泊、更高远、更简率，同时他的笔致也更柔润、更平和——如果我们细心观察董源与巨然的水墨山水画，我们几乎一无例外地认为，他们手中的笔主要是用来皴、擦、点、染，以及抒情地勾长长的线！特意指出这一点有着重要的意义：因为王维的一改勾斫"之法而专用水墨"渲淡"，至此才找到了理想的对应图式。

◎为什么说黄筌的风格是"黄家富贵"？

倘若留心注意一下《簪花仕女图》卷，就不难发现周昉的这幅人物长卷上还以精确得丝丝入扣的笔致绘有卷毛狗、仙鹤、蝴蝶和辛夷花。这件作品虽无法排除有宋画的嫌疑，从章法构图上却不难反衬出花鸟画早在唐代就已形成独立的画科，而且成就不凡了。

唐时有花鸟画家滕昌祐、边鸾和薛稷（少保），他们擅长折枝花和画鹤。这样的题材反映了当时皇室贵族及士大夫阶层对自然花鸟的兴趣，以及用华美风格的艺术品如鹤样屏风来装饰殿堂府第的审美时尚。续唐时的风气，五代时的西蜀画院待诏黄筌更在前辈画家的基础之上，用双钩填色法将花鸟画推向历史的又一新高峰。

黄筌（？—965年），字要叔，成都人，是一位技艺全面的画家，但尤以花鸟对后世影响最大。黄筌曾主持西蜀画院至孟蜀灭亡为止，历时40余年，受到王室的宠爱。他的屏风画甚至作为外交礼物被送往域外。黄筌善画珍禽瑞兽、奇花异草，这符合宫廷环境与贵族阶层的审美需要。据《益州名画录》中说，他曾在蜀宫殿壁上画仙鹤图，因为栩栩如生，生态各异，乃至引来了真的仙鹤。黄筌的花卉因为敷色浓丽、工致细腻，且有装饰趣味，所以被称为"装堂花"、"铺殿花"。他的儿子也善画画，并且传承父业，使"筌格"之法一直占据着宋初画坛的主导地位，宋人也习惯把黄筌父子的双钩花鸟称作"黄家富贵"。

◎为什么说徐熙的风格是"徐家野逸"？

与花鸟大家黄筌同时的另一位自出新法的画家是出身于望族的南唐士大夫徐熙。因为终生不仕、自命高雅，有江南名流的风度，所以世称"徐布衣"。他常优游于田野园圃，观察花竹、蔬果、禽鱼、草虫和蝉蝶之类的情状，而形之于笔下。他的画往往注重"落墨"，用笔不拘于精勾细描，与西蜀的黄派花鸟大异志趣。其信笔抒写，重墨淡色的没骨花鸟更显自然洒脱，有写意的端绪，在一定程度上突破了唐以来细笔勾填表现奇花异草的传统表现格式，而有所创造，因此被宋人称作"徐家野逸"。

徐熙的孙子徐崇嗣秉承家学，后来成为宋代杰出的花鸟画家，为徐氏粗笔淡色的没骨派花卉传其衣钵，对后世影响极大。直到清初的恽南田，画史上出现了许多徐家画法的正宗传人。只可惜徐熙的作品虽在宋代《宣和画谱》中尚计有259件之多，但于今却无一可信的真迹传留下来，只能令我们今天没骨花鸟派的习画者感慨万千、望洋兴叹了。

◎为什么把五代花鸟画大家徐熙和黄筌的画称作"徐黄异体"？

接上所述，由于徐黄两家的身世环境不同，生活经历不同和性格志向的不同，最终导致出艺术创作方法上的两种性质迥异的画风——即"徐家野逸"和"黄家富贵"；以及两种截然不同的画法——即细笔的双钩填色和粗笔的重墨淡彩花鸟画法，简称双钩、没骨，史称"徐黄异体"。

从现存的《写生珍禽图》来看，所谓院体的筌格画素讲"端庄工细"，与徐熙野逸一路的在野花鸟画"形骨贵轻秀"的画风自不相同。黄筌继承唐代宫廷花鸟画的传统，以极细的线条勾勒出物象，再配以柔丽的赋色，线色相溶，几不见墨迹。他重在以形写神，旨趣浓艳一面，所以画上的生物有富贵的殿堂气。而徐熙在其《翠微堂记》一书中自叙他的画法说："（我）落笔之际，未尝以赋色晕淡细碎为功。"从而表露出他"江南处士"志节高迈、放达不羁的个性色彩。徐画粗笔杂色，笔迹豪磊，重在运墨与设色的没骨法表现，所以在画法上大大地超越了唐画的格局，比黄筌更有创世的意义。两家各抒己见，一工一写，一个院派一个非院派，对宋以后一千余年来中国花鸟画的发展无疑起到了最根本的推进作用，成为花鸟画史中的两座里程碑。值得注意的是，这两家看似泾渭分明的画格在宋代后期也有合流的阶段，尤其令两宋院体花鸟画的形式语言更加丰厚华滋，受益匪浅。

◎为什么说宋代绘画的特色是沉潜自然?

自宋太祖重新统一中国以来，宋王朝修文讲武，虽然越到后来越受到北方民族的侵扰，然而在文艺上，却在中国文化史上有非常伟大的地位。太祖、太宗先后灭西蜀、南唐，凡是图画之府所珍藏的名画，多被收入御府，有名的画家，也被召入画院，每一代皇帝都喜欢绘画，至徽宗而极。

宋代的绘画，以山水画和花鸟画的创作为最盛，并占了统治的地位。壁画的创作虽然不及唐代，然而卷轴画却空前发达。两宋画院是中国封建社会画院制度的极盛时期，尤其是在宋徽宗时皇家绘画学校的创立，对于培养绘画人才、提高绘画技艺，都取得了较大的成就和经验。

尤其值得注意的是，此时绘画也注意到了市俗方面的内容，张择端《清明上河图》就是诞生于这样的环境之中的。除此之外，还诞生了大批的风俗画。

绘画此时已经基本完成了它的演进，文人阶层的兴起，则使绘画蹈入了"文学化时代"（像文与可、苏轼、米芾等等），他们往往是在文学创作活动之余，拈笔自快，追求一种洒脱的意趣。

宋室南渡，建都于杭州，是为南宋，而文艺的中心，也由北而南。高宗时有李唐、赵伯驹，宁宗时有刘松年、马远、夏圭，甚至到了将要灭亡的前期，仍有极优秀的画家涌现，这在别的朝代是无法想象的。

除文人画之外，宋代绘画可以说是现实主义的全面胜利。画家们普遍地深入自然之中，探求自然的绝对真实。因为中国历史上没有一个朝代像宋人那样地沉潜于自然之中，认定一个人只要通过理性和研究，就可以把握宇宙的真实。宋代的思想强调格物致知——即通过对事物的认知，以达到真正的知识——几乎渗透到了人们生活的各个方面。很难想象，绘画不会被它所吸引。

◎为什么宋代的画家和画论家要强调"理"的表现?

徐复观在《中国艺术精神》一书中说,苏东坡所说的"理"并没有多少哲学上的含义,也与理学的"理"大相径庭。徐氏指出:东坡所说的"常理"实出于《庄子·养生主》庖丁解牛的"依乎天理"之理,是指出于自然的生命构造,及由此自然的生命构造而来的自然的情态而言。因此,东坡的"常理"就与顾恺之所说"传神"的"神",宗炳所说"质有而趣灵"的"灵",谢赫所说"气韵生动"的"气韵"、"穷理尽性"的性情,郭熙所说的"取其质"的"质","穷其要妙"的"要妙","夺其造化"的"造化",实际是一个意思。如果说苏轼所说的"常理"没有多少哲学上的含义,那我们又如何解释其他人所说的"理"呢?显然的,徐氏忽略了宋代绘画的倾向,正在于宋代绘画没有简单地停留在描绘对象之上,而是越过它们进入一种"哲学上的思考"——关注并表现自然的真相,需要一种新的观察方式和一种新的美学意识。

因此我们有充分的理由认为,苏东坡等人笔下的"理",与宋代哲学概念中的"理"一样,指的是一种生成万物之最究极的、最本原的实在——它既内在于天地万物又遍及于人类之中，规定着天地万物与人类的各自形态，并呈现其本来面目。因此统观宋代的画论与画家的所作所为，几乎无不是面对如何处理画中图像与自然世界之间的关系问题，甚至到了元代的黄公望也是如此。

◎为什么宋代的画家那么强调"生意"的体现？

宋明的哲学家普遍形成了对"生意"的热爱，在观生意中体味宇宙造化之伟力，在生意盎然中亲证"仁"的道德境界，因此"观生意"这一行为包含了哲学智慧、伦理精神和艺术情怀三境界。

"生生"为一句熟用语，前一个"生"字为动词，意为奉养、孳化、产生之意，后一个"生"字为名词，即生命。张载《横渠易说》释"生生之谓易"之"生生"为"进进"，即指生命的向上升腾。宋儒认为宇宙的本质就是生命精神，其义有三：

1.天地万物无不充盈盎然奋进之生命亦无不是生命的结晶；

2.一切天地间流动的生命都是由内在生之理、生之质、生之道的体现；

3.生之理、生之质、生之道即为宇宙之性。

同样，中国的艺术家认为，如果艺术家们在他进行创作之前就已经把握了"理"，艺术就能与"化育"这种观念相符合，如同自然物体被自然力量所化育而成熟一样，充满了"生意"。邓椿《画继》："（徐）熙志趣高远，画草木虫鱼，妙夺造化，非世之画工所可及也。熙画花落笔颇重，中略施丹粉，生意勃然"；董逌（yǒn）《广川画跋》卷三《书徐熙画牡丹图》："世之评画者曰：妙于生意，能不失真……故能成于自然。"像这样的论述是极多的——此时的画家在自己的创作中体现这种生意，批评家亦以此为标准来判断画家成就之高低。米芾《画史》评李成伪作："形貌似尔，无自然，皆凡俗，林木怒张，枝干枯瘦多节，小木如柴，无生意，皆俗手假名。""生意"，也成为区分真伪与成就高低的一条重要标准。

◎为什么宋代的画论家要将"气韵"解释为人的品格？

　　对艺术家个性中主体精神的赞美，必然使批评家的目光不是放在题材方面而是放在艺术家主体自身方面，而且认为一件艺术品的表现或最终所体现的，也必是集中在艺术家生命主体意识的人格状态之上，艺术的创作行为也须从人的行为背景中加以考察的精神活动。因此，中国艺术视觉上的感知价值就被转换成意志状态的伦理——文化价值。

在11世纪的北宋时期，人们开始普遍地承认，艺术如同音乐一样，仅仅通过其节奏与韵律，就可以传达一位君子所隐含的无可名状的思想、倏忽之间的心灵状态以及性格。郭若虚在《图画见闻志》中说："且如世之相押字之术，谓之'心印'，本自心源，想成形迹，迹与心合，是之谓"印"。爰及万法，缘虑施为，随心所合，皆得名印。矧乎书画，发之于情思，契之于绡楮，则非印而何？押字且存诸贵贱祸福，书画岂逃乎气韵高卑？夫画犹书也。扬子曰：'言，心声也；书，心画也。声画形，君子小人见矣。'"这说明，宋人已经开始将"气韵"当做是一种潜藏于艺术家心中的有着高尚精神的节奏，艺术家所应该努力的方向，就在于使这种节奏成熟并使它时时自发的显露出来，所以，它又和"灵性"、"灵感"、"智慧"、"天才"、"境界"等含义非常紧密地结合在一起。此时之"艺"，明显地用来指含蕴在人的心灵之中的种子，通过人格的涵养使它成长起来——它既显露又植根于心性。

◎沈括为什么反对李成画中的透视画法？

　　如果说，《易经·系辞》中的"仰则观象于天，俯则观法于地"是中国哲人的观照法："仰观宇宙之大，俯察品类之盛"，是中国诗人和文学家的观照方式，那么，"仰山巅，窥山后，望远山"，就是中国绘画中最为典型的构图方式了。

　　这样的构图方式，并不是说中国人不懂得科学的透视知识，而是由中国人的宇宙意识和生命意识所决定了的。中国古代最为伟大的科学家沈括在他的《梦溪笔谈》中记录了这样一件事："李成画山上亭馆及楼塔之类，皆仰画飞檐，其说以谓自下望上，如人平地望塔檐间，见其榱桷。此论非也。大都山水之法，盖以大观小，如人观假山耳。若同真山之法，以下望上，只合见一重山，岂可重重悉见，兼不应见其溪谷间事。又如屋舍，亦不应见其中庭及后巷中事……似此如何成画？李君盖不知以大观小之法，其间折高折远，自有妙理，岂在掀屋角也！"沈括的这一论断，向我们证实了中国绘画在透视方面，是"自有妙理"的。这"妙理"是什么？不就是中国古哲人在宇宙面前所体验到的盘桓、流连、周旋、往复吗？

◎为什么说范宽代表了现实主义创作的高峰？

范宽（？—1026？），名中正，字仲立，因为他的性格非常宽厚而被人称为范宽。陕西华原人。他的画最初是在古人的范本当中摸索的，学过荆浩、李成。然而当他知道自己无法超过他们二人的成就时，他便觉悟到应该到大自然中去，到大自然中寻求绘画的灵感。因为在此时，绘画的理想是探寻自然的绝对真实。他居住在终南山、大华山的深林之中，对山的各种变化谙熟于胸。他尤其喜欢画雪景，传有《雪景寒林》之作。

他最著名的作品是《溪山行旅图》，近来也因发现他把自己的名字签在右下角一株树的树叶里而更被确定是他的真迹。看缩小的复制品或者用文学语言来描述这幅画，无论如何也不能传达出范宽绘画的气势！他把整座山都集中了画面的中间，气势撼人，而飞溅的瀑布以及山顶的丛树，使它显得生机勃勃。近处，则有驮着柴捆的驴队从那里经过。因为他强调要在画中画出山的骨势，因此他采取了一种峭拔劲硬的笔法，人们把这种独创的笔法称为"枪笔"，即每笔在有力地落在画面上的同时，再飞快地向上提起。他挥动的仿佛不是毛笔，而是刀子。除了山、树、树叶如此画之外，甚至连茅草屋也这样画，人们戏称为"铁屋"。

范宽的意图是非常明确的，他不是让观众看到"画"，而是真实地站在悬崖峭壁之下，在那里凝神于自然的伟力，听那瀑布的落下时的轰鸣，耳边响起风吹树林的飒飒之声，直到嘈杂的人声一直消逝于远处为止。他们被称为"现实主义"的伟大画家，因为他们真实地再现了自然，再现了他们所看到的一切。可以说，中国11世纪的绘画因有荆浩、范宽以及李成、郭熙等人的出现，而达到了现实主义的高峰！

◎为什么说北宋山水画家李成与范宽的画是"一文一武"？

李成、范宽以及关仝都是北宋初期著名的山水画家，在画史上被称为"三家山水"。他们擅长描绘荒林远岫、秋山萧肃的北方山川平野，从而予地域山水以成熟的面貌。李成（约919—967），字咸熙，因曾避居山东营丘，画史上又称李营丘。他的山水画多齐鲁平远寒林，画树如蟹爪，用墨淡而有层次。他突破了五代以来全景式大山大川的山水画格局，被称为"扫千里于咫尺，写万趣于指下。"他的画对同朝的范宽、郭熙和王诜等人影响很大。范宽（约950—1027）字中（或作"仲"）立，名中正，陕西华原人。他曾常年写生于终南、太华诸山，创作不倦，提出"师诸于心"的创作主张，被画史誉为与山传神。范宽笔下多关陕山水，画峰峦浑厚，势壮雄强，山多取正面主峰，石用"雨点皴"，使山石在高山仰止之势间更平添了浑厚凝重之质。史称"李成之画，近视有千里之远；范宽之画，远望不离座外"，突出了二家各自的画风特色。李范两家在北宋初以山水画名相颉颃，两人的作品几乎成了"州州县县，人人作之"的典范。韩拙的《山水纯全集》就曾记载，宋代画家王诜因为过分喜爱两家的绘画，一日之中在房屋的东西两壁对挂李成、范宽的作品，他先赞赏李画说："李公家法，墨润而笔精，烟岚轻动，如对面千里，秀气可掬。"又复指着范画说："如面前真列峰峦浑厚，气壮雄逸，笔力老健。此二画之迹，真一文一武也。"这一文一武之喻从此在画坛上漫传开来，为历代名家所首肯。

◎为什么北宋画家郭熙主张山水画应"可望，可行，可游，可居"？

我国的山水画经过五代四家的山水画一变和北宋三家的发展，其语言形式已日臻成熟，到北宋后期，画史上终于迎来了一位集作品与画论的大成者，这就是画院待诏郭熙。郭熙（约1023—1085），字淳夫，河阳（今河南孟县东）人。他的代表作《早春图》（现存台北故宫博物院）是宋代山水画的煌煌大轴，而他的创作辑录《林泉高致集》更是继顾恺之《画云台山记》、宗炳《画山水序》和荆浩的《笔法记》以来的一部山水画理论要著，它不仅结集了北宋以前的山水画法，而且也提出了更新颖、深刻的审美主张。

郭熙强调山水画要"可望，可行，可游，可居"。他以此作为山水画优劣的价值观，并说"凡画至此，皆入妙品。"他进一步解释说："见青烟白道而思行，见平川落照而思望，见幽人山客而思居，见岩扃泉石而思游。"对于这四种价值标准，他更认为"但可行、可望，不如可居、可游"，进而声明看山水画应"以林泉之心临之则价高，以骄侈之目临之则价低"。以这项尺度检视宋代以来的山水画，我们可以发现这些要素几乎是一一俱备，如山有杂居，水有船棹，路有行旅，道途无际等等。郭熙的这一主张揭示出山水画的存在意义与哲学命题。

山水画之所以在画史上长久不衰的原因是它真正满足了那些必须入世者的出世之心，从而使古代的知识分子达到忘情山水和物我两忘的境界，即儒家所谓的"仁者乐山"，道家所谓的澄怀观道，这些都是天人合一的具体表现。

◎为什么说李公麟的画是白描画法的典范样式?

李公麟（1049—1106），字伯时，舒州（今安徽潜山）人。他在宋神宗熙宁年间中进士，官至朝奉郎。然而他在京十年，却从来不去权贵的门下走动，只频繁地往来于林泉名园和作画。在《宣和画谱》所著录的107件作品中，他的作品几乎涵括了所有的画种。于是人们说，他的鞍马胜过韩干，山水近吴道子，佛像近吴道子，人物似韩滉。如果人们认为一切都是古人的好的话，那么，李公麟的画不仅可以达到古人的程度，甚至还要超过古人。他最大贡献是发展了"白描"画法。顾名思义，白描画即指纯用墨线勾画出对象的造型方法。在他之前，"白描"只是在起稿之前才用到它，而从来也没有作为一种正式的画种。到了李公麟这里，则将它发展成一种独立的画风，不靠线彩，而只靠墨线的浓淡、粗细、虚实、轻重、刚柔、曲直和"立意"来表现对象。这样，他实际上是把中国绘画传统中的线描推进到了一个新的水平。有时他有在画面上稍许地染上一些颜色，而这更赋予作品以一种抒情诗般的情韵。

在李公麟之后，元代更多的画家加入到了白描人物画的创作队伍中来，其中最有名的如张渥等人，就是继承上李公麟的画风并再有所发展的。

◎为什么李公麟的《五马图》现只留下照片而无真迹可寻?

　　《五马图》是宋代白描画大师李公麟传世真迹中的代表作,最能看出画家的画风。此图纸本墨笔,画西域所进名马各五匹,每匹前各有一个随马进京的奚官或圉夫。人马状貌不同,神采奕奕。笔法苍劲,写物精确,是李氏晚年的佳构。画上无款,有宋代大书家黄庭坚的小字行书作笺记跋文,增加了此画卷的可信度。

　　传世的李氏真迹共有三卷:即《临韦偃牧放图》、《三马图》和《五马图》,首幅作品乃临仿唐鞍马大家韦偃的画迹,长卷近四米多长,现收藏于北京故宫博物院。但因为是仿作,缺乏李氏的庐山真面。《三马图》由于经受了长春伪宫的文物浩劫,至今已残缺不全,只留下一人一马;现由香港私人收藏。而《五马图》曾由末代皇帝溥仪带出北京,出宫后流入日本,尚未毁坏,所以它的价值可用盖世无双来界定。这件作品过去始终被收藏家秘而不宣,只有影印本可资查证。据我国当代著名的书画鉴定家杨仁恺先生称,他的日本友人曾于二战前在京都一位法学教授那儿见到此画,可是一俟战争结束,这位物主人竟向世界宣称画已被飞机炸毁,从此这件李氏真笔真正

李公麟《五马图》（局部）

是渺若黄鹤，竟无物可寻了。今天，我们要欣赏李公麟的《五马图》卷也仅仅能凭借留下来的照片一睹容颜，其别无他法。一件国宝遭受如此的厄运，不能不令我们后辈人唏嘘不已，感慨万千。

◎以画马著名的李公麟为什么在晚年不再画马？

李公麟，字伯时，号龙眠居士。舒城人。约生于仁宗皇祐九年（1049），死于徽宗崇宁五年（1106年），年57岁。李公麟在神宗熙宁三年（1070年）中进士第，先任地方下级官员，后入京为中书门下省删定官，御史台检法（从八品）。哲宗元符三年（1100年），因病致仕，隐居至死。他的一生"沉于下僚，不能闻达"，在政治上是不得意的。但在艺术上，他却取得了很高的成就。"文章则有建安风格，书体则如晋、宋间人，画则追顾、陆。至于辨钟鼎古器，博闻强识，当世无与伦比。"有宋一代，画家如林，但成就卓越者，首推公麟。《冷斋夜话》卷八"李伯时画马记"曰："李伯时，善画马，东坡第其笔画不减韩干，都城黄金易得，而伯时马不可得。"师让之曰："伯时为士大夫而以画行，已可耻也。又作马，忍为之耶！"伯时恚曰："作马无乃倒能荡人心堕恶道手，"师曰："公业已习此，则曰勾以思其情状，求为神骏，系念不忘。一日眼光落地，必入马胎无疑，非恶道而何！"伯时大惊，不觉身去坐榻曰："今当可以洗其过？"师曰："但画观音菩萨。"自是画此像妙天下，故一时公卿师之善巧也。自此李公麟不再画马，而改画观音了。

◎徐悲鸿为什么特别珍爱《八十七神仙卷》？

《八十七神仙卷》原被定为道释画家武宗元（？—1050）的作品，但由于笔法更近似李公麟的白描风格而被定为宋代的佚名之作。它与美国收藏家王季迁手中的一卷同类作品有异曲同工之妙，标榜着宋代具有高度写实风格的白描人物长卷画的最高水平。

　　此图绢本墨笔，纵24厘米，横232厘米，描绘道教神仙五方帝君由仙伯、神将和女仙围绕着去朝谒玄玄皇帝的情景。全卷计有87人，并统一在行进的行列之中，人物顾盼生姿，天衣满壁风动，效果完整而一统，实为一卷优秀的"正本"。可推知吴道子的传统画风。

　　抗战时，徐悲鸿（1895—1953）来到香港，因为一个偶然的机会得知一位德国医生的女儿急于出手一批她父亲生前收藏的一箱古字画。于是他带去重金翻箱倒箧，希望能有意外的收获。只待片刻的搜寻，他就被此卷的面貌猛然惊呆了，于是他丢下前头看好的几件文物，又放弃了再看下去的念头，临时复补添一些外借的银两，以高价购入了这幅举世闻名的人物长卷，成为他日后不多的几件历代绘画珍宝中人物画方面的压阵力作。这幅画随后一直被徐氏带在身边，对他的人物画创作启发很大，后来在一次重庆的空袭中曾经失窃过一次，使他犯了头痛病，直到画被追回来方有所好转。但他绝未料到此次病灶竟酿成了其后致他于死地的高血压症。

　　《八十七神仙卷》现珍藏于北京的徐悲鸿纪念馆。

八十七神仙卷（局部）

◎为什么要把以文与可为代表的画风称为"湖州画派"？

以竹为题材进行绘画创作，画史中记载，早在唐代就有吴道子、王维、萧悦等人，五代时就有更多的画家以竹为题进行创作，如丁谦、黄筌、程凝、李波等人，遗憾的是他们的作品已化作历史尘埃，无法再见了。我们只能从新疆阿斯塔那地出土的文物中领略一下早期竹画的特点。

如今评论画竹无不是以用墨画竹为始，宋郭若虚《图画见闻志》、米芾《画史》以及《宣和画谱》等文献，无不首先提到文同与可，对其墨竹成就之高，众人无不赞誉有加。文同曾自言写竹为抒胸中逸气，苏轼不但推崇文同竹画，向其学习画竹，并且作文称其"胸有成竹"，由此开创了北宋士人画即后世文人画的先河。因为文同曾于元丰元年奉命去湖州（今浙江吴兴）任太守，虽未到任即故去，但画史公认文同乃文人以墨画竹的始祖，故称学其竹画者为"湖州竹派"，称其本人为"文湖州"。

"湖州竹派"除文同外，知名者宋代尚有苏轼、赵宗闵、刘延尧、李昭、田逸民等，元代有李衎、高克恭、吴镇、柯九思等人，明清以后大有滥觞之势。另外，明代莲儒撰《湖州竹派》一书，收入宋元二十五人，也是"湖州竹派"一词的另一来源。

◎为什么苏东坡说文与可画竹是"胸有成竹"？

　　苏轼和文同都是北宋重要的文人画家。以擅画墨竹闻名于世。在画史上被称为"湖州竹派"。文同（1018—1079）字与可，梓州永泰（今四川盐亭东）人。苏轼（1036—1101）字子瞻，号东坡居士，四川眉州眉山人。文同是苏轼的表兄，二人在诗文书画方面多有切磋与交流，据说他曾因求画者太多而整日焦躁不安地咒骂道："我要将你们拿来的这些绢素做袜子穿了！"当时苏轼正在徐州做官，文同便向求画者说："吾墨竹一派，近在彭城（今徐州附近），可往求之。"并复一信给苏轼说："对不起，做袜子的材料都要聚到你那里去了！"可见两个人生前曾有密切的书画往来。

　　由文同开始，画家成功地以淡墨挥扫来代替了以往那种"丹青朱黄铅粉之工"的工整画格。文同画竹更有一套怡情遣兴的艺术主张，讲究诗、书、画的渗化融汇，从而在画面上进一步深化了其表弟苏东坡的艺事言论。他强调绘画创作主客观因素的统一，即画家需以客观存在的"成竹"为基础，同时充分发挥画家的主观感受，只有"见而悦之"、"勃然而兴"，方能"振笔直遂"，一挥而就。文同在书信中曾与苏轼探讨过写竹的方法，他认为"竹之始生，一寸之萌耳，而节叶具焉。……今画者乃节节而为之，叶叶而累之，岂复有竹乎？故画竹必先得成竹于胸中"。文同的墨竹得到了苏轼的激赏，说他画竹的奥妙是"成竹在胸"。于是"胸有成竹"这个成语终于不胫而走，成为历代文人艺术家创作上的真如妙法，至今仍被沿用。

◎为什么苏轼说"诗画本一律"？

西方的美术史家贡布里希在他的名作《艺术史话》中比较了希腊、埃及以及中国的美术特色后，说中国美术既不像希腊那样画自己所见之物，也不像埃及那样关心形象的不朽，而是在艺术中表达一种可以称为"诗兴"的东西。

所以，中国的画家当意识到一位画家可以像一位诗人或书法家那样，乘兴之所至而记录下自己的情绪状态的时候，绘画就开始诗化和书法化了。提倡"诗画本一律"的苏东坡还这样说过，如果诗仍然不能将自己的情感表达出来，那就会变而书法，再变而为绘画。从另一方面来说，诗歌除了影响画家的情绪之外，还以其审美特色影响了绘画的审美趣味。它之所以能表现"富于包孕的时刻"、"省略以求韵味"、"常使意气有余"等等，都无疑受了诗歌美学之启示。像北宋画院用诗歌的句子作为绘画的题材，并以诗意的表达完满与否来评断绘画的高低，就是一个好例。

◎为什么中国的文人画家一再地在创作中贬低技巧?

离开技术无法谈论艺术,然而艺术并不止于技术。在更深的层面,对技术的超越,就成为一种达到了表现的深层的自然境界,它既比单纯卖弄技巧高明,也是一种极为难得的品质,因此缺乏技巧的"拙",明显地带有了一种道德上的含义,而熟巧在他们眼中却成了一个无法洗掉的污点,因为它可能有故意媚俗的倾向。

大批评家董逌可以为我们证明这一点:"夫画工以技艺取售,求悦世俗,以期易入。惟恐其异,不见要于世也。"(《广川画跋》)这种思想对后世的影响,是不可低估的。我们再试举二例。明代深受儒家思想之薰陶的李日华说:"士人以文章德义为贵,若技艺多一不如少一,不惟受役,兼自损品。"高士奇《江村销夏录》记邹之麟跋文休承《溪山幽远卷》:"人间诸事尚能,独画事一种以能品为下。"从上面数例就可以认定,中国艺术在儒家文化影响之下,是如何对待艺术与艺术和其他的关系的。这种批评格局一旦建立,便立刻深入人心,并成为后世艺术批评的一大特色。

因此,文人艺术家们一再地在自己的创作减弱技巧的因素,而力图传达一种人格意味。

◎为什么将米芾画的山水画称为"米点山水"？

米芾（1051—1107），字元章，号鹿门居士，又称海岳外史、襄阳漫士等。他是山西太原人，后来迁居湖北襄阳。他因为借母亲曾经侍宣仁皇后的光而出仕做官，曾任礼部员外郎，知淮阳军，世亦称米南宫。当时许多著名的人物如苏轼、黄庭坚、王安石等，都十分喜爱他。即使在他死后，宋高宗极为喜爱他的艺术，使他在身后亦享大名。作为一位文人，他的这种际遇，也可谓是难得了。

在绘画方面，他远宗王洽的泼墨法，掺合董源的落茄点，从而创造了"米点山水"。对于当时以写实为目的的绘画界来说，这实在是太不可思议了。但是后人却极喜欢他的这种别出新意与自成一家。他有时兴之所致，手边有什么就用什么，开创了中国绘画史上"自娱"一派。他的艺术就是笔墨游戏的产物。他的儿子米友仁发挥了这一派的风格，留有好几件作品，使我们得以推想米芾的风格。

如果我们在中国的山水画史上将他的名字与他所创造的画法抹掉，那人们就无法理解为什么从12世纪起，中国的绘画会从北宋的注重写实而走向了个人情绪的表达。他的学画虽然很晚，但是，他高超的书法修养却给了他另一种力量，一点也不妨碍他的个人趣味的流露。他的笔下几乎没有什么物像，而只是一派云烟渺茫。

◎为什么说赵昌的写生画在美术史上有重要的意义？

北宋到了熙宁（1068—1077）、元丰（1078—1085）年间，文化和政治都发生了重大的变化，在这样的历史背景之下，画院也有了重大的发展和变化。北宋初期画院的花鸟画，是以黄筌一派为标准的，画技的高低好坏，一律以黄氏为标准，这样，画家的创造性就被束缚了。这样的情况竟然持续了一百多年！为了革除黄派末流的积弊，人们开始了两方面的改革：一是提倡写生，二是要有新的表现方法。

提倡写生之功，当首推赵昌，他自己也在画面上落款曰"写生赵昌"。他生活于10至11世纪之间。曾从师于滕昌祐。从他开始，画家不再只顾摹仿黄筌的画风和画法，而是每天早晨花卉开得正鲜艳的时候，他就在花的周围观察，然后用手中的笔和颜色直接将它画下来。例如与他同时的易元吉，为了达到真实地描画对象，在住宅的周围种了大片的树林，以便将鸟群引来，而利于他的观察、写生。

说到新画法，赵昌除了掌握黄筌的那种设色方法之外，他还吸收了徐熙的方法，即画好物象之后，只染一遍颜色，而不像黄派那样反复堆染。藏于北京故宫博物院的《写生蛱蝶图》（27.7×91cm），纸本设色。三只彩蝶飞舞于野花之上，蚂蚱在草叶之下跳跃，让人看到满幅的春光与生机。画中的虫蝶设色浓艳，用工整的细线进行勾勒，而草叶则淡设色，用双钩法，线条根据草叶的方向而变化着。显然，赵昌在试图调和黄筌与徐熙的画风，以适应新的审美要求。

◎为什么四川多出现逸格画家？

自黄筌父子和赵昌以来，四川一地的花鸟画就开了两宋院体画的风气之先，及至苏轼、文同诸人的出现，四川一地的画家又素讲逸品的创作风尚，成为宋元以后画坛上艺术创作的主导方向，而逸格画家的大量出现与久居成都的画论家黄休复提倡逸格的作画主张不无十分密切的关联。

黄休复字归本，北宋初年人，精通道学，善炼丹制药，他活动于成都并与蜀中文人、画家有广泛的交往。黄休复于《益州名画录》中开始将逸格推置于四格（神、妙、能、逸）的首位，并逐次加以定义，从而为宋元以后的文人画家树立了最高的人格标准与审美境界。

他认为逸品是画品中的终极目标，所谓逸品的绘画，应不求形似，逸笔草草，天工自然。画要笔简形具，造型拙朴而诡异，不以敷彩为工。他认为画家要想达到逸格的境界，必须兼书画之长，人需性格孤洁怪异，最后取得人品、画品的整合，所以他说逸格是"莫可楷模，出于意表"，看来他更注重画外的修养和艺术对主观情感的表达。总之，他认为画家的逸格就是"情高格逸"。黄休复推重逸格之说，恰好为宋元以后的文人画思潮铺设了理论基础，其意义的重大可反衬出画史评论与研究对促进中国书画正常发展的切实作用。其价值取向已成为中国画从中古向近古嬗变的一个重要契机，为世人所瞩目。元代的倪瓒也正是基于这项标准，总括他的绘画作风说："仆之所画，不过逸笔草草，不求形似，聊以自娱耳！"其实，这仅是黄氏理论的生发之言罢了。

◎为什么说张择端的《清明上河图》是宋代大型风俗画中最伟大的作品？

张择端，字正道，东武（今山东诸城）人，幼时到汴京读书，后来专门学习绘画，在宣和年间（1119—1125）时为翰林图画院待诏。《清明上河图》就是出自于他的笔下。

《清明上河图》可以说是中国绘画最伟大的一件作品之一！它作于1100到1125年之间。作者张择端描绘了清明时节汴京城外沿河两岸的生活场面。画面全长528.7厘米。幅高24.8厘米，绢本淡设色。随着画卷的展开，我们就像跟着一架摄像机的镜头，从城外的河边开始，逐渐向市内行走，然后过了桥，又穿过城门，来到热闹非凡的集市中心——画面显示出作者运用移动透视的方法、近大远小法和淡淡的光影，使画面显得是那么的引人深入。

这件作品真实、全面、生动、细腻地描绘了北宋都市生活的各个方面，其中已经多为孟元老《东京梦华录》等史籍所证实。画家感兴趣的，显然是市镇上的各种商业活动以及各式各样的人物，和城市建设的各种建筑物：酒楼、药铺、香铺、茶铺、弓店、当铺，以及各种摊贩：做车轮的木匠、卖刀剪的铁匠、卖桃花的挑担……这件画作的中心是虹桥。桥上有各式的人物，或骑马、或乘轿、熙熙攘攘，好不热闹；而桥下，船工们正在激流中驶大船通过桥洞，船头有人在那里照看船行驶的方向，两边的梢工则用力地在划着船，气氛十分紧张。桥上的人在大声喊着、叫着，而船上的船工们则绷紧了所有的神经，凝聚着所有的力量，以保万无一失地通过桥洞——总之，《清明上河图》以其高度的写实技巧，使那错综复杂和引人入胜的画面，成为一种永久的历史性记忆。

《清明上河图》的艺术性是极高的，成就是伟大的。全图规模之宏大、结构之严密、人物之繁多、场面之热闹，在整个中国绘画史上是罕见的。它有界画的工稳与准确，同时又有写意点染的风韵。这种半工并写的人物画传统，以《清明上河图》为最突出的代表。以至在此后，人们用各种方式在复制着它，而以南宋和明代的摹本为最多。

◎为什么扬无咎画的梅被称为"村梅"？

扬无咎（1097—1169）字补之，号逃禅老人、清夷长者。清江（今江西）人，寓居南昌。他善画水墨人物及四君子画，尤以画梅载誉于画史，是北宋自华光和尚（仲仁）以来的又一墨梅法的宗师。其墨梅虽法出仲仁，更得力于自然。据说他曾在宅院中自树一老梅，"大如数间屋，苍皮藓斑，繁花如簇"。画家则日夕临写，大得其趣。

扬无咎笔下的墨梅不同于北宋院体流畅工整的一格，讲求清高、淡泊与潇洒的风韵。所写的梅枝，凝练地一笔构成它的形体，墨微淡而带"飞白"。花瓣只用墨线圈出，"变黑为白"，完全是细笔勾勒，连最小的花萼也只用墨一点，一变以彩色或墨晕作花的方法。刻意追求清淡闲野的局势，独成"孤标雅韵"的画风，把北宋院体壮健凝练的真实感变化为清疏幽逸的写意作风，是画家个性与情趣的自然表露。

画家如此画梅，正见出他孤高耿介的个性。据说他的墨梅曾被呈送给徽宗赵佶，赵因为看不起这种与画院之风背道而驰的作品，于是讥笑此为"村梅"，嘲讽他的梅花失之高雅而有俗野之气。扬无咎听到了反而泰然处之，直称其画是"奉敕村梅"，后更喜作"疏枝冷叶，清意逼人"的梅花，不肯效仿精工细密的院体画。从此，画家这种不为强势所倾覆的持之以恒的毅志为世人所钦佩，竟致"村梅"的贬词成了艺苑中的美谈。

◎为什么说宋徽宗主持的翰林图画院代表了院体画派的最高成就？

皇家画院开创于五代的西蜀、南唐之时，至北宋徽宗（赵佶）时代，朝中设立的翰林图画院达到了历代画院体制与规模的鼎盛阶段，确立了两宋绘画的正统势流，其成就统领于该时代。

北宋的"翰林图画院"经至徽宗时体制完备，人材济济，藏画甚丰。宣和中，徽宗曾令筑五岳观、宝真宫，大事图绘，主持编纂内府珍迹，辑成《宣和书画谱》。仅《宣和画谱》就有20卷，辑画家231人，共计6396件作品，成为古代藏画的一部大型辞书。赵佶曾任米芾为书画学博士，提高画家的身份待遇，允许画家带佩鱼。给予定期的"俸值"，且命题招考或举荐各地贤才。由此，院人的待遇提到了历史上的最高水准。

徽宗赵佶本身就是一位大书画家，其花鸟师法黄筌，兼收崔白、吴元瑜之长，成为院派的标榜。由于在内行的领导下，宣和画院成绩斐然，后世莫比，推出了一系列举世闻名的大画家，代表者如卷幅达五米多长的《清明上河图》的作者张择端，其作品代表了宋代风俗画的最高水平。如仅以11米长的全景山水画中的巨制《千里江山图卷》闻名于世、名垂青史的画院学生王希孟，传其曾亲受徽宗的指教。另如李唐、朱锐和风俗画家苏汉臣等等，可谓名家荟萃，济济一堂。

◎为什么宋徽宗要以诗意画出题来考画工水平的高低？

因为徽宗在历史上首次提高了院人的社会地位和经济待遇，并且广纳各地精英贤才，迄至南宋灭亡为止，画院中囊括的名家一时间数目远远地超出其他历史时期。所以宣和年间的画院可以说是12世纪的中国皇朝为培养画家而设立的一所真正的最高教育学府，并为画家职业化铺平了道路。这也是世界上最早的一所完整的美术学院，通过设立"画学"，产生了严格而明确的考试制度。即如史料记载："徽宗政和中，建设画学，用太学法补试四方画工，以古人诗句命题，不知抡选几许人也。"

当时不论招收学生还是平常的考核，常以命题作画法举行考试，其题目多为摘取古诗词而得。如"野渡无人舟自横"、"乱山藏古寺"、"蝴蝶梦中家万里"、"竹锁桥边卖酒家"等等。通过考试，提高了画家的文学修养，培养他们诗画一律的审美观。另外，被招取的画工在院中除了接受业务训练外，还要教授他们《说文》和《尔雅》，可见画院的教学制度之全面。

以诗意为题一方面可以看出这位18岁即称帝的主持者具备极好的文学修养与琴棋书画知识；一方面也看得出，宋代画院仍然以"太学法补试画工"，画院不仅是艺术机构，也是政治的附庸体，从而使传统的文人士大夫习画模式化、合法化，使其纳入职业的正轨。虽说在一定程度上促进了正统绘画的发展潮流，但其格法的僵化之处却受到了在野文人画派的贬斥。

◎为什么说李唐的《采薇图》寄寓了他的爱国之情？

李唐，字晞古，北宋徽宗时画院的画家，宋室南渡后一度流落街头卖画为生。后入南宋画院，授待诏，因画风开南宋院体水墨苍劲一派，被后世誉为南宋山水四家之首。

李唐不仅擅长山水，也精于人物画创作，所画代表作《采薇图》，绢本设色，纵27.5厘米，横91厘米，现藏于故宫博物院。此图描写殷代遗民伯夷、叔齐二人不愿投降和周王朝统治者合作，至首阳山采薇（一种俗名野豌豆的植物，其嫩叶可食），终至饿死的故事。文出《史记·伯夷列传》。画中正面抱膝而坐静听另一人讲话者为伯夷，其面部坚定平静的表情，表现出人物在艰苦的困境中坚韧无畏的毅力。而背景上用水墨绘出的山林老树对人物性格和环境气氛成功地起到了烘托作用，人物表情充满了内心精神的紧张。伯夷、叔齐在古代典籍中一直被当作有政治气节，特别是有爱国主义思想情操的个体反抗者形象，同时也是宁死不屈的士大夫阶层中的标榜。所以画家李唐以这两个传说中的人物形象创作了历史故事的长卷《采薇图》，借以反对当时在异族侵略者面前屈膝忍让的朝中败类，从而表达了画家深刻的爱国主义情操。这种伟岸的民族精神与鲜明的是非立场在南宋画院的画家中并不多见。

◎为什么将马远、夏圭的艺术特色称为"马一角"、"夏半边"？

山水画发展到南宋时，其笔墨形式和构图章法都达到了前所未有的高度，因此画坛上涌现出夏圭、马远这两位精于山水布陈的画家，从而以富于意境的取裁，以少胜多的局面，成功地表现出钱塘周围烟波浩渺的自然奇观。

马远活动于1190—1224年前后，字遥父，南宋光宗、宁宗时的画院待诏，是南宋画院中写实功底最扎实全面的一位山水画家。他的山水画多作平远小景，极有诗的意境，结构上讲究虚实相生，计白当黑，画面上布置山川往往留有大片的空白，使群峰危峦构成边景之角，突破了李唐以来面面俱到的宏大的全景式山水构图格局。他的作品《寒江独钓》图源出于柳宗元的诗意，画面上只作一小舟而留下大片的汪洋，在章法上最能

《寒江独钓》 马远

说明其"悉由精能，造于简略"的艺术造诣。夏圭字禹玉，也是宁宗画院的待诏，画法布局上与马远风格相似，画史上称他"水墨西湖，画不满幅"。明代吴门四家之一的文徵明更赞赏他的作品富于"趣胜"。

马、夏在前人的基础上进一步挖掘山水中的诗情与感人的力量，画面经过剪裁和巧妙的经营，趋向于单纯化、简洁化，因而主题更加明确突出，具有较强的艺术感染力，因此被画史誉为"马一角、夏半边"。有人认为这是南宋人"残山剩水"的心象所致，却忽略了他们在艺术领域中求精求细的匠心所在。

◎梁楷为什么离开画院？

梁楷是一位中国绘画史上地位独特的画家。今山东省东平县人，祖上曾做过东平国相。梁楷生活在南宋中叶，在宋宁宗（赵扩）的嘉泰年间（1201—1204）当过一段时间的画院待诏，是位宫廷画家。他"善画人物，山水，道释，鬼神"，具有多方面的绘画才能，尤其擅长白描和泼墨法，在当时画院中是出类拔萃的。不过，梁楷生性狂放，桀骜不驯，常纵酒自乐，号称"梁疯子"。他喜好无拘束的生活，眼里没有高低贵贱。向往远离庙堂，栖身江湖的隐士清流生活，追求"以吾心作吾画"。他不满当时社会的龌龊，以及种种礼教官规的束缚，就连皇帝赐给的一围金带也不受，把它挂在画院内，也不当御前画家了。我们不难从此事窥见他的才情之狂、性格之烈。而这正是他一变成规，自开门派的气魄和才学所使然。

◎为什么郑思肖所作兰花只画根而不画土？

郑思肖（1241—1318）是宋末的爱国主义画家、诗人，字忆翁，号所南，连江（今福建省）人。郑思肖为人狷介，蒙古族南侵时曾向朝廷献计，但未被采纳。宋灭之后隐居苏州寺庙中，因心存亡国之痛，故而过着虽有田产三十亩但"耻见干戈里，荒城梅又春"的凄清生活。他终生不仕，元人入主江南后更是"耻为殷士裸如京"，行坐寝处，不忘赵宋之室，所以取号为"所南"，有心怀故国与纪念南宋朝廷之意。他还常常"泪泉如墨写离骚"，抒发自己亡国之恨的情怀，显示出一代大诗人的报国赤心和威武不屈的刚毅心性。

在绘画方面，郑思肖精于墨兰。他作墨兰，疏花简叶，不求甚工，与同代画家赵孟坚有"兰出郑赵"的美名，开创了中国早期水墨兰花一派的格法，对后代文人画家影响巨大。郑思肖画兰与赵孟坚不同，往往以浓重的水墨和粗拙的笔法表现兰叶坚实纯厚的质感，以示其刚劲挺拔的个性，尤为怪异的是，他笔下的兰花终年露着根，并不画土。有人问他这是何意，答曰："土为番人夺，忍着耶？"可见这无土之兰乃如其爱国诗一样，是画家怀念故国抒发斗志的"念国之音"。

郑思肖不仅擅画露根兰，而且又于画卷上传达出鲜明的政治立意，成为他人格力量的化身。

◎牧溪法常为什么被称为日本的"画道大恩人"？

关于牧溪的记述如下："僧法常，蜀人，号牧溪，善画龙虎、猿鹤、禽鸟、山水、树石、人物，不曾设色。多用蔗查草结，又皆随笔点墨而成，意思简当，不费妆缀。松竹梅兰，不具形似，荷鹭芦雁，俱有高致。一日造语伤贾似道，广捕而避罪于越丘氏家。所作甚多，惟三友帐为之绝品。后世变事释，圆寂于至元间。江南士大夫们今存遗迹。竹差少，芦雁亦多，赝本今存，遗像在武林长相寺中，有云喜爱北山。"这份字数不多的记录，实际上已经是最为详尽而且也较为公正的记录了。从中可知其卒年在元至元年间（1280—1291），在武林（今杭州）长相寺中圆寂，而这在别的记录中是找不到的。牧溪绘画的主题非常广泛，山水、禽鸟、老虎、猿猴无所不精，他对于绘画的题材亦没有什么特别的偏爱，一切主题都可以在他的笔下得到一种淋漓尽致的表现。现存被认定是牧溪作品的（或至少是与牧溪同时属于一派的）是"潇湘八景"。牧溪画的八景曾经作为室町时代足利将军画库的御物，载于能阿弥的《御物御画目录》之中。另外，他的画在日本流传极多，能阿弥祖孙所编《君台观左右帐记》著录他的作品达104件之多。他的绘画以及由绘画中所启示出来的观念，对日本绘画的影响极大，以至有"画道大恩人"之称。

◎为什么宋元文人画家喜作"四君子"画？

宋元之际，许多文人士大夫介入绘事，他们往往主张艺术要表现自我个性，推崇尚意书风，讲究寄情于笔墨以及诗书画的相互渗融与结合。这是中国书画讲求笔墨语言纯化的最初的实际表现，正是在此种特殊的文化背景之下，"四君子"画开始悄悄地走俏于艺坛，并为众多的文人画家所欣赏。

所谓四君子，即梅、兰、竹、菊，也有说梅、兰、竹、石的。文人喜画此物，其实也是与当时画坛上正统派的陈规陋见相抗衡，偏要排斥院体附庸高雅的奇花异草花鸟画格的一种革新表现。用水墨代替设色，"信笔作之"，用自然的花木竹石迎取"象外之意"。如梅花开于春寒料峭之际，可以隐喻人的坚贞以及不畏生活困难的个性。兰花深藏于幽谷，无趋炎附势之心，开在丛苇之间，却香飘数里。竹子四季常青，节节中空，可喻人的虚心，而隆冬时节即使被积雪压弯，也不易折断，从中可以象征文人的骨气。至于菊花，开于秋寒时令，清雅而无牡丹的俗气，又可暗示高风亮节。石头更是文人案头的一项雅玩，自宋始，就有名画家因善"四君子"名重于世，像文同的竹子有"湖州竹派"之称，他画竹以前往往成竹在胸。赵孟頫善画兰花，故宫博物院收藏有其画的《墨兰图卷》。仲仁创造了文人墨梅法，而大书画家米芾，不仅喜画石头，而且还有拜石为兄的故事流传至今呢！

◎为什么说元代绘画的特色是萧散清逸？

元代的画家不像唐、宋的画家一样可以进入宫廷，和皇帝一起分享艺术创作的乐趣，他们被赶出宫廷之外。宫廷的艺术创作，改由处于社会下层的工匠来做，而文人画家的地位甚至比不上他们。元代的画家一方面拉开了与宫廷画家相同的趣味，同时也拉开了与市俗趣味相通的风格。这样，我们就能理解，为什么元初人乐意承北宋提倡"以画为乐"的米芾一派的余绪，画风崇尚简洁淡泊，与宋人的那种浓丽风格截然相反，并逐步放弃了写实技巧。

真正算得上元人画风的开拓者与成就者的，当是赵孟頫。

他不仅在书法上卓然有所成就，他的绘画也为元画奠定了一个基调——在元四大家中，没有一人没受他的影响。处在那样的环境之下，赵孟頫试图通过自己的努力重新发现和保护将要失去的传统，"复古"被看作是惟一能保留这个优良传统的方法。在14世纪的画家心目之中，复古意味着可以回到过去，而那则是绘画的黄金时代，也是画家的黄金时代。

不难理解，在极端地强调"古意"之下，浮华的技巧和俗套的情调都会被无情地唾弃——质朴或稚拙，被当作是真诚的美学品格的标志。像"元四家"（黄公望、倪瓒、吴镇、王蒙）几乎都是顺着这条路发展下来的。

文人画家们开始在自己的画面之上作诗文并将它直接写在画面之上，而且变得和绘画作品本身一样的重要。顺理成章的是，画家可以只顾自己主观情思的抒发，而不必刻意去描绘自然，他只需在诗文中将他所要表现的东西提示一下就行。文人画的意蕴在图像，在元代算是真正成熟了。

◎为什么画史上评宋元绘画为"宋湿元干"？

宋人作画多喜用绢素，这与当时盛行的画风相关。宋代画院的成就在历代中最突出，于是院体画风成了书画界的正统与主流。院画工细平滑，需要用绢来表现。到了南宋，马夏更开启了山水画院体的正统遗风，讲究洒脱的笔致，从李唐的大斧劈中变化出钉头皴与拖泥带水皴法。作画是水墨苍劲，淋漓尽致，表现的江南风光多笼罩在氤氲的岚气之中，使江南山水呈现出一派烟波浩渺的气象。因此画史上称宋画富于湿气，主要从此中而来。何况当时制绢的水平极为高超，而纸张只作书籍之用，画家大多用绢作画，无形中迎合了湿气厚重、水墨苍劲的两宋画风。

而元代因受蛮夷的统治，社会上百业萧条，传统的制绢业也不再发展。相反，生纸的加工与引进的盛况却优越于前代，是其他各朝难以比附的。况且元代盛行文人画，讲究逸笔草草，不求形似，讲究笔墨意趣和书意，加上许多画家在野隐居，所以往往不介意用粗生的绵麻纸作画。同时由于当时制作的纸薄而坚韧，画上的墨色无漆，适宜表现笔情墨趣，适合元人喜作中锋秃笔及反复皴擦等多种表现技法的需要，因此元人的画风时尚也相应随之而转变。

元代山水画家的皴法最灵活多变，多用干笔，干湿互用，路数开阔，惟吴镇一人墨法浓郁而更近似南宋的湿气表现，实属个例。山水画中纵使当时有设色的要求，也改为浅绛方式，因此相对应南宋绘画而论，画史中流行有"宋湿元干"的这一说法也就不足为奇了。

◎赵孟頫为什么不在"元四家"之列？

赵孟頫（1254—1322）是元初著名的书画家，中国画由中古通向近古的重要转承人物。生于湖州（浙江吴兴），字子昂，号松雪。精于山水、人物、道释与鞍马，也擅画花木竹石。赵孟頫对元代画家的影响很大，不论是元四家还是李、郭一派的山水画家，以及文人花鸟画家如陈琳、王渊之辈，都曾从赵画中得到启发，有的竟是赵的入室门徒。可以说他对后世文人画家画派的影响直至清初，尚余波未尽。就是这样一位功名卓著的大画家为什么会不在"元四家"之列呢？原来这与赵孟頫仕元做了贰臣有关。

至元二十三年（1286），元世祖为招引南方贤士命程文海（钜夫）赴江南搜访遗逸，当时已33岁的赵孟頫即在征召之列，且排在名册的首位。从此这位屡度"含英在中林"，纵使被元人绑架也不肯丧失隐士声名的宋太祖11世孙终于归向元朝，至大都（北京）做起兵部郎中，其官职之显赫在元代画家之首，连他的妻子也被加封为魏国夫人。蒙元王朝几易其主，但都以赵氏为恩宠，内里以含纳赵宋后裔为光荣政绩。同时，这位画家却大作"忏悔"之诗，内心不无刻骨铭心的矛盾。

明代大鉴赏家王世贞的《艺苑卮言》曾载："赵松雪孟

頫，梅道人吴仲圭，大痴老人黄公望子久，黄鹤山樵王蒙叔柏明，元四家也。"屠隆《画笺》与项元汴的《蕉窗九录》也皆如是说，把赵氏列入元季四家，且为首席。直到董其昌（玄宰）出来，以文人士大夫的境界榜榜绘画，重新品第，就对赵做"贰臣"之事极端不满。因此重新排定的"元四家"中拿掉了赵孟頫，加上倪高士（云林）。所以如今我们在绘画史书上常见到的元四家名目中见不到了这位昔日画坛的宿将。

其实董其昌对赵的艺术仍极推重，称他是"元人冠冕"，说倪、黄诸人不过是赵氏提拔的结果。看来前人自有公论，一个人的名气也不单单是由几件好画支撑起来的。

◎为什么任仁发要创作《二马图》，其意义何在？

任仁发（1254—1327）字子明，号月山道人，松江（今上海清浦县）人，元代画家、水利专家。他历任都水田副使、浙东道宣尉副使等职，史事之余从事绘艺，鞍马、人物、花鸟无所不精，尤以鞍马与赵孟頫齐名，其画马着意处在赵氏法门中有出蓝之美。

现存《二马图卷》，绢本设色，纵28.8厘米，横142.7厘米，故宫博物院收藏。此图右画花斑肥马，骨壮膘肥，系缰垂地，昂首欲奔，洋洋自得；左画一红棕赢马，肋骨尽见，挽缰垂地，谦慕之中，神气凋丧。从卷后画家自题的长篇跋文来看，画家并非是徒为骏马写照，而是用隐喻的手法，结合题画文赋，讽刺当时社会中"苟肥一己而瘠万民"的贪官污吏，同时对那些"瘠一身而肥一国"的廉洁者予以颂赞，为不被重用、终身受"摈斥"的士大夫鸣不平。

《二马图》在古代鞍马画中脱颖而出，影射现实态度最为明显，从某种程度上批判了元朝政体的腐败与种种不合理现象。与那些贪官污吏相比，创作者在从政中确实为百姓做过不少好事，所谓画如其人，历史上的画家还的确是一位廉正爱民的清官哩。

从《二马图》中我们可以看出来，元以后的文人画家的创作往往是借物言志，借题发挥，其诗文书画相辅相成。虽然表现的是鞍马，但言外之意却深刻地表明了作者的现实态度与人格主张，从而透视出中国书画丰富的意象和人文特征。

◎李衎的《四清图》一画为什么分为中国、美国两地收藏？

一张画分裱成两个独立卷本并分藏于美国堪萨斯纳尔逊·艾金斯美术馆与北京故宫博物院两处，堪称中国画坛上的一大怪事，恐怕在世界艺术史上也是绝无仅有的收藏现象，值得我们道出个中的原委。

　　李衎（1245—1320），字仲宾，号息斋道人，是自文同以来元代文人墨竹画的大家，被称为"写竹之圣者"。他善画古木竹石，画竹兼长水墨与双钩设色二体，并著《息斋竹谱》流传于世。《四清图》作于1307年，是李氏64岁晚年墨竹的集大成之作，所谓四清，即梧桐、竹子、兰花和石头，是宋元以来文人常画的题材。

　　李衎的这幅画是利用一夜的时间画成的，因为是即兴挥毫，所以技艺不仅突破先人之法而且也自出新境。此画前半段有赵孟頫等人的题跋，后卷有明代周天球的跋文。显然该画在入清前已被分割开来了，至于细委，已不可知。以卷上款识藏印计，此画自当是真迹无疑。待到民国年间，原来就未征入清廷的前半卷随着国宝外流的大潮由藏主芦芹斋（1880—1975，浙江人）携往美国，售于纳尔逊美术馆。而流入清宫钤有乾隆印玺的后半卷几经辗转，最终幸未遗失，收入北京故宫博物院。就这样，李衎的一张画分置于东西两半球，给我们如今的鉴赏家与习画者造成了天大的麻烦。我们切盼祖国的艺术瑰宝能早日完璧归赵并破镜重圆吧。

◎黄公望的《富春山居图》为什么有火烧的痕迹？

中国画的收藏极不容易，古代的真迹就其材料而言都有一定的天时命数。板壁上的绘画寿命约二三百年，纸的寿命为1000年，绢的寿命为800年，超过了时限，用什么方法也再难保存了，何况国宝在历代的辗转过程中还要经受人为的损害。

人为的破坏，有的是有意的，有的是无意的。比如说1937年抗战爆发时，故宫的文物必须搬迁到敌后方，中路文物搬到重庆存放时，仓库的楼板不巧塌了，所以压伤了两件文物，这是人为事件中无意的破坏。至于有意的破坏，倒可以说说清人吴洪裕（同卿）焚烧《富春山居图》这件臭名昭著的故事。

元四家的魁首黄公望晚年作有《富春山居图》长卷，是我国历代山水巨制中的佼佼者，先后历时四年多，直到画家寿终也未完成，可谓黄大痴积一生的心血之作。此卷至明经沈周、董其昌收藏，其后属吴之矩所有。这张画在清代能流落民间，纯属那个自命不凡的乾隆皇帝帮了倒忙。他自认为博学，把子明隐君的伪本当作真画，还大书特题一番，反把真画拒之门外。后来吴之矩把善本传给儿子，其子吴冏卿还特地为它盖了一座"富春轩"，可见他的喜爱程度。不过这位老翁接下来竟大逆不道，在其临死之日竟命其侄子吴静安点上一把大火，准备把画带到阴间去。幸而这位后生尚且心存仁智，乘其不备从火里救出画卷，因此，如今我们将《富春山居图》展卷观看，还会发现纸本上留有火渍呢。

◎为什么现藏浙江省博物馆的《富春山居图》卷首部分被称为《剩山图》?

接着上面的故事，再说那幅被火烧掉了起首一截的《富春山居图》卷，由于经历了一场令人惊愕与痛恨的火灾，后来只好进行修整，重新予以装裱，把被烧坏的卷首单独裁开另行装裱一卷，绰名《剩山图》或《富春一角》，则顾名思义也。这张画解放前曾被沪上的后海派名家吴湖帆（倩）先生私藏，可惜他身不逢时，晚景欠佳，每每以出售珍藏所得的银两度日。50年代，杭州的书法家沙孟海先生通过鉴藏家谢稚柳先生从中斡旋，以8000元钱买下此画，此后《剩山图》入藏浙江省博物馆，国宝历经磨难与飘泊，最后总算找到了永世可以安居的圣所，从此我们再不必为它的前途担忧了。中国古代绘画的珍贵遗产在旧时总被少数上层社会中的人物所垄断，有些人不仅把它窃为己有还视同玩物，其实这根本不是画家本人劳事一生的目的与意愿。先人创造的智慧与文明成果有其亘古不衰的艺术魅力，它们应该被无私地呈示给后辈子孙，赋予人类学习与临摹的机会。何况乎这种艺术魅力根本也无法用金钱与个人的占有欲相比附呢。

最后还要补充的是，除了上面提到的《剩山图》卷，余下之大部分黄公望的天年绝笔之作——《富春山居图》卷现收藏于台北的故宫博物院。

◎为什么吴镇喜作《渔父图》？

在民族矛盾日益尖锐的元代，汉族士大夫被列为社会阶层中的第九等，许多画家不得不以更隐晦的方式抒发自己的气节、品格与志向，其中吴镇创作多幅渔父图便是一例。

元季四家之一的吴镇（1280—1354），字仲圭，号梅花道人，他喜用中锋秃笔作画，笔雄墨沉，董其昌称他的画"苍苍莽莽，有林下风"。吴镇一生喜画渔父图，现在存世的就有四卷，分别收藏在北京、上海、台北和美国等处。

吴镇一生情性寡合，隐居于家乡浙江嘉善的魏塘镇，生活清贫，偶或教书卖卜活动于杭州，生活阅历和视野不算宽泛。但想来江南的渔民常年劳作于湖汊间的情景定在画家的眼底留有深刻的印象。于是他以敏锐的士大夫心智，终于从普通贫民的劳作中洞见出一个寓意宽广的渔钓精神。正如他题画诗中所述："洞庭湖上晚风生，风搅湖心一叶横；兰棹稳，草衣新，只钓鲈鱼不钓名。"吴镇笔下的渔父，实足是他自身的写照，从中表现了画家放达于世、不慕功名、痛恶权贵的高洁心态，具有积极的社会意义。吴镇的"渔父"表达了他为人的主张，不同于一般士大夫忘情山水式的空洞之作，纯然是取悦于山水，反而在避世的旷境中充盈着抗争的情结。那湖中小小的渔翁，分明有一种持之以恒的意志，不欲从流合污；不欲沽名钓誉。他一反倪云林山水亭台间全不见一人影的惨淡格调，其老辣胜于孤苦，其曲高和寡处，但见出内蕴丰厚的个性。

◎为什么王蒙的《太白山图卷》上的印款曾经被剪掉又贴复一新？

王蒙（？—1385），字叔明，号黄鹤山樵，吴兴（今浙江湖州）人。他是元四家之一，是古代文人山水画的大家，因其笔法绵细，兼擅青绿又设色大胆清新，在元四家中独树一帜。他的作品《太白山图卷》现藏于辽宁省博物馆，纸本设色，纵27.6厘米，横238厘米，画家取尖细笔法设色画家乡太白山风光，着重描绘了20里苍松，然后用朱色点示始建于东晋的佛教名刹天童寺。虽用笔潦草，但不失其古拙朴茂的大气。此卷首用小篆书"太白山图"四字，卷末钤有白文"王蒙印"一印，但有裁剪后复贴的痕迹，其中引发的故事与画家晚年受胡惟庸案牵连下狱有关。

王蒙在元代做过小官，后隐居于余杭县的黄鹤山长达30年之久，自号黄鹤山樵，过着芒鞋竹杖，卧望云山式的高隐生活。这个时期是画家潜心创作并偶与画坛名流如黄公望辈相往还的艺术高峰期。至朱元璋建立明朝伊始，这位隐迹于名山的画师才下山出仕，任山东泰安知州。明初的朱元璋为巩固统治，设严酷刑法，屡兴大狱。当时左丞相胡惟庸因勾结日人和蒙元势力，有谋反之嫌，被定死罪。胡案株连者甚众，王蒙因至胡宅观赏他收藏的书画而被牵连下狱，最后竟至卒于狱中。

《太白山图卷》约为应天童寺主持之邀而画，完成后正遇胡案，顾主为避祸患，曾将款印截去，一是以免自己也被圈入胡氏余党；一是以免图画遭受莫须有的浩劫。俟案平息后再补上先前剜去的那条款印时，时间已是明中期了。

◎为什么倪瓒主张"不求形似"？

公元1301年，倪瓒诞生在常州府无锡县梅里乡祇陀村。实际上是一位业余画家，他的画名在元代并不高。但是，这样的评价并不等于说他的艺术是后人毫无道理吹捧起来的。恰恰相反，他的萧疏、简淡，更符合了元末以来的审美趣味，而使他的艺术地位在"元四家"中，占据了最高位。如果说，元画将宋画的质实变而为空灵超脱，变而为虚灵无际，气韵蓬松，而笔墨的表现亦臻于浑化无痕，那么，倪云林是最能代表这种画风的。

他的兴趣并不是视觉艺术中追求的表现幻觉，而是表现一种"心境"。苏东坡与欧阳修等人都这样表示过，在绘画中处理空间、体积、距离等这些技巧性的东西，都是"画工之艺"，"非精鉴之事也"。所以，为了表现自己心灵中的高远理想与趣味，他回避了这些东西，而只表现一种趣味性的东西。用倪瓒自己的话来说，这就是著名的："以中每爱余画竹，余之竹聊以写胸中逸气耳，岂复较其似与非，叶之繁与疏，枝之斜与直哉！或涂抹久之，他人视以为麻为芦，仆亦不能强辩为竹，真没奈览者何。但不知以中视为何物耳。"（《云林诗集》附录六《书画竹》）

有一次，有一个人说他在醉后画出的竹子根本就不像竹子，他却笑着说："全不似处不易到耳！"（沈颢《画麈》）这种极端的态度的确是够惊世骇俗的了！虽然实际上倪的竹子并没有像他自己说的那样的什么都不像，但这表明，中国绘画从此已经开始向纯情绪化的表现方面又迈进了一大步了。

◎为什么说王冕画的梅花对后人影响非常大？

王冕（？—1359）字元章，号煮石山农、梅花屋主、会稽外史等。会稽人。他出身于农民家庭，少年时读书非常勤奋。在他经历了几乎一生的不如意之后，便携妻归隐于九里山中，养鱼、种地、植梅花千株，在他的梅花屋中，写诗、作画。

"吾家洗砚池头树，个个花开淡墨痕。不要人夸好颜色，只留清气满乾坤。"这是王冕题在墨梅上的一首诗，他那要留下"清气"的节操在这首诗中体现得淋漓尽致；还有一首诗也题在梅花之上："和靖门前雪作堆，多年积得满身苔。疏花个个团冰玉，羌笛吹他不下来！""和靖"是宋代著名的隐士林逋，而"羌"是少数民族的代称，这里暗指元统治者，明确地表明自己不会和他们同流合污。

　　王冕的梅花有两大贡献：在他之前，画梅花一般都是勾花晕染，而他则改用以胭脂直接作没骨花，或以淡墨作没骨花。画法是先点出花瓣，然后以较浓的墨勾蕊或点萼；第二，在他之前，画梅花者往往只取几个梅枝以及几朵花瓣，然而从王冕开始，他总是在画面上表现梅花的千枝万蕊。清代的朱方霭《画梅题记》中说："宋人画梅，大都疏枝浅蕊。至元煮石山农，始写以繁花，千丝万蕊，倍觉风神绰约，珠胎隐现，为此花别开生面！"在《梅谱》之中，王冕不称自己的画是"写梅"，而自称是"扫梅"，即先用大笔在画面上用浓淡不同的水墨扫出梅树的大干和大枝，然后画花、勾蕊、点苔、添小枝。像他的《南枝春早图》（141.3厘米×53.9厘米，现藏台湾故宫博物院）、《墨梅图轴》、《墨梅卷》都是按照这样的程序完成的。这是花鸟画中画梅花方式的一个大突破，对后世影响很大。

◎为什么元代的画家多在自己的名号中冠以"道人"的称谓？

我国金元时代盛行全真教，它是北方新道教的一支，主张返璞全性，性命双修，这是当时蒙元入主中原导致社会政局动荡以及阶级矛盾尖锐化的必然产物。全真教始于东华子，兴于王重阳，大盛于丘处机的时代，发展至元初达到极盛局势。当时元朝统治者为平衡种族与阶级差异，力主扶助全真教，并刊行《道藏》书籍，对道教的发展推波助澜。

全真教主张返璞与平淡，这与当时的大画家主张艺术贵有古意，以及平淡自然的水墨山水的创作观念不谋而合，因此受其影响的画家比比皆是。如元四家之首的黄公望，因中年宦海失意而遁入全真教，曾在苏杭一带开三教堂，广收弟子，并自号"大痴道人"，又有"井西道人"之称。倪瓒也曾入全真教，四家之中的吴镇，自号梅道人，虽不见得真做了道士，但心目中可以看出对道家的崇尚程度。另外，元初画家赵孟頫与元代画家中另一位官职显赫者李衎，一号松雪道人，一号息斋道人。做官中的画家还有自号月山道人的任仁发，情况也复如此，足见道家思想对元代文人画家的影响之甚了。

元代文人画家自号作道人，一是确有做道士的经历，如黄公望。一是虽称道人但更多的原因是受到道教文化的影响，有出世的心愿，喜归隐山林，讲求艺术上的平淡天真。但多数人属于后种情况。通过自号道人这个表象，可以看到道家思想对元代文人水墨与浅绛山水画创作势态的参与作用，同时也验证了名家背后都潜存着丰厚的人文传统。

◎为什么明代绘画的特色可以被概括为雅趣文风？

朱元璋带他的将士们赶走了蒙古人，然而他的残暴统治，使当时的宫廷画家和文人画家都处在恐怖之中。到了宣德皇帝，由于他性格的温和，和对绘画的爱好，重新对画家提供了优厚的待遇。然而好景不长，宫廷就被宦官所掌握了。文人画家们于是纷纷地离开了北京，来到江南，在那里过着优哉游哉的生活，苏州成了绘画创作的中心。纵览1450年到1550年这100年的画家情况，画坛表面上还是一片兴旺：有宫廷画家（如戴进、吕纪），有靠卖画为生职业画家（如仇英、周臣、唐寅），有文人画家（如沈周、文征明、董其昌），也有一些个人主义者的狂怪画家（如徐渭）……由于文人画家可以不靠科举或其他的劳动就能生存，因此他们可以毫无顾忌地表现自己的趣味。人们收藏古代的名作，为它们编制目录，请人品评，研究装裱的格式等等。画轴不但成为艺术品，也成为文人们相交往的方式之一。

到了15世纪，中国画家面对的题材有了比较大的转变。这就是他们除了续观自然之外，更关注古代的画家是如何处理相同的题材的。他们还特别注重于甄别风格的孰优孰劣。他们一次又一次地按照董源、倪瓒或黄公望眼中看到的自然和处理方式来进行绘画的创作。这也是为什么从明以后，中国画坛总是为画派或画风的问题而喋喋地争吵个不休。他们在画中普遍讲求风格的"正统性"，在笔墨中表现文人的优雅情致，讲求技巧之外，更讲求意境。

另外，明代商业经济的发展，也使绘画向市俗的一面发展，到了清代，这种倾向就更明显了。

◎为什么说规模庞大的明代画院虽有其名，而其中的画家却名不副实？

据史载宫廷画院建于后蜀明德二年（935），其实滥觞于汉、唐。汉有"画室"，唐有画官应奉禁宫，亦初具画院规模。宋代的翰林图画院建置巨大，画家云集，推动了当时绘画艺术的繁荣。元代建立画局，已形同虚设。明代恢复了画院，但与宋代画院相比较无论在编制、职称上都不一样。即便是画家，也无专业的职位，更令人费解的是，不少宫廷画家所授官职都是明代特务机构的头衔，如花鸟画家林良、吕纪为"锦衣卫指挥"，山水画家王谔为"锦衣卫千户"。这样，当时不少画家，应诏之后不肯受官；而院外的文人画家，也轻视画院的画家。明代统治者又采取高压政治手段，对宫廷画家，往往"随其兴而嘉奖或处罪"。尤其是严厉的处罚，如画家赵源"以应对失旨坐法"，周位"被谗就死"。戴进因画"秋江独钓图"被谗，潜归杭州，结果死于穷途。这些不能不引起当时画院画家的畏惧，整个明代画院也会因趋附权势而缺乏创作的自由与活力。因此，明代画院人员分散，精英缺乏，虽有其名，而无其实。

◎为什么说华山之行改变了王履在中国画史上的地位？

元末明初的王履（1332—？）字安道本是一位医学家，兼长于诗文书画，尤喜画山水，师承南宋马、夏一体。王履身处朝代更迭、百废待兴之时，当时的画坛因袭守旧，缺乏创新的气息。许多画家重临摹，惟不能进一步生发古法，画面缺乏生命力。针对这种贻患王履指出："学画三十余年，不过纸绢者展转相承，指为某家数、某家数，以剽其一二以袭。"为了摒弃旧法，树立新风，他决意走向自然。明洪武十六年（1383），已届知命之年的画家采药来到华山，怀着"锻炼足力来，身拟百战儿"的勇气他登上西岳三峰，饱览了大自然雄奇壮伟的景象。

他说："登华山，见奇秀天山，非模拟者可模拟，于是屏去旧习，以意匠就天出则之。"经过半年多的实景写生，画家完成了他的传世大作《华山图册》（共40幅，现分别收藏于故宫博物院和上海博物馆），从而使此番壮游成为他一生创作的重大转折点，并真正将其画名嵌入了中国绘画的史册。

今天看来，王履的华山虽未超越"马、夏"的画格，形成明确个法，山石皴法缺乏丰富略嫌单一，但他在图册中的诗文序跋却对后世山水画走向和发展意义重大。如其箴言"吾师心，心师目，目师华山"，已成为唐代画论"外师造化，中得心源"在后世山水画科中的理论变体。

◎戴进为什么会被逐出宫外？

戴进（1388—1462），字文进，钱塘（杭州）人。其绘画技艺全面，山水、人物和花卉翎毛皆擅长，他是明初画坛上独领风骚的浙派的开宗者，与浙派中坚吴伟齐名。现存代表作有《风雨归舟》、《春山积翠》和《达摩六祖图》等。

戴进绘画以马、夏为宗，是当时画院中的佼佼者，可惜受到同僚的妒忌，进谗言，被皇帝逐出宫外。关于戴进被谗之事，素有两种说法，但都与画院高手谢廷循有关。一说戴一次在仁智殿上呈示画作《秋江独钓图》，画中一人着红袍，垂钓江边。据说画中设色以红色最难，戴进独得古法，意境绝妙，招致同行妒忌，于是谢乃向宣宗皇上进谗言说此画虽好，却有辱于朝廷，因为画着朝服的红衣人垂钓，分明有谋反之意，于是宣宗大怒，将戴逐出宫外，至死不入。另一说戴进被征入画院，宣宗命天台谢廷循参评他分别以春、夏、秋、冬为名的小幅画作。看过头两幅时，皇帝连连拍手称赞，令谢妒心大起，待看《秋》景时，谢乃说："屈原遇昏主而投江。今画原对渔父，似有不逊之意。"皇上沉默良久，复展最后一卷，谢冲口答道："此乃七贤过关，乱世事也。"皇上勃然大怒，翻案大呼："可斩！"当夜，有人把消息传给戴进，戴与他的徒弟夏芷正在庆寿寺中休息，于是夏用随身带来的酒把寺僧灌醉，偷出度牒用的剪刀，二人削发为僧，连夜逃出京城。

戴进被逐出宫后，生活极为落破，往往因为卖画的钱太少，不能买其温饱，所以曾感慨寄言："吾胸中颇有许多事业，争奈世无识者，不能发扬。"可见那场生死之劫对他日后的事业有着多么巨大的影响啊。

◎明代的画家边文进为什么要再兴工致之风？

边文进，字景昭，福建沙县人。以花鸟画闻名于当时，影响极大。

他那茂密浓丽的画风，得到了皇帝的喜爱。在永乐年间（1403—1424），他被召至京师，为武英殿待诏，成为宫廷画家，与另外的吕纪、林良称为"明代宫廷三大家"。但是吕纪与林良的画偏向于写意，放笔直扫，有类草书，而边文进则不然。他虽然也师法于南宋画风，然而似乎还看到了北宋初期的秘密，即他上溯到了五代北宋初期黄筌的画法：先勾勒，后着色，着色后再加勾染。惟一不同的是，他的色与墨都要比黄筌画得厚实。所以虽然他的很多画法来自于南宋，如石头、树干的画法，然而他却比南宋的画秀润、工整。同时也远比南宋详细，反复勾勒、皴染，使画中的形象尽量地丰满。后人评价他的画说：花之娇笑、鸟之飞鸣、叶之正反、色之蕴藉，不但勾勒有笔，其用墨也无不适宜。在宋元之后，应推为第一人。

◎苏州为什么会成为明中叶以后中国最杰出文人画家的云集之地？

随着院体与浙派的极盛而衰，以史称吴门的苏州为中心，自成化、弘治以后形成了波澜日壮的吴派以及吴门四家，在画坛上声誉卓著，支派繁多，名家荟萃，其声势影响长达百余年之久。使吴门一地成了晚近中国的艺术大本营。

苏州属历史悠久的江南文化名城，早在西周即建有吴国，至明清时吴县、常熟县等7县并称为长洲。当时的苏州经济繁荣，各种工商业的发展推进了市民文化的勃兴之势，同时，远离帝京相形之下更为自由的政治空气和江南秀丽优雅的自然环境都成为该地区文化艺术发展的有益条件。

闻名遐迩的苏绣、宋锦，以及做工精细的"吴服"名重一时，反映了当时工艺成果在全国的领先局面。其次，民间艺术中的桃花坞年画也从一个侧面丰富了普通苏州市民的文化生活。苏州还盛行琴、棋、书、画同园艺的风气，史称"吴趣"，显示出该地区深厚的人文基础。

加之宋元文人画家早在此处积淀出尚意趣、精笔墨、饶士气的传统画风，为吴门画派开辟了历史先河。

明中叶以后，随着"吴门画派"的兴起与发展，一时间追随者甚众，终于使此地成为四方文人雅士、书画家及鉴藏家的云集之所，一时间南来北往，门庭若市。

◎沈周为什么要创作《庐山高》？

沈周（1427共1509），字启南，号石田，晚号白石翁，长洲相城（今江苏吴县）人。不应科举，终生从事绘画和诗文创作，工山水，兼能画花鸟竹石，是明代吴门画派的开宗者，明四家之一。画史上与文征明珠联璧合，并称"文沈"。沈周是我国15世纪下半叶自浙派以来最有影响的大家，自其始，明代绘画的面目才开始真正出现。

《庐山高图》轴，纸本设色，横98.1厘米，纵193.8厘米，为画家41岁中年期的山水巨制，属细沈的风格。作品现藏于台北故宫博物院。其图以近似王蒙的笔法、布局，作危峰列岫，长松巨木，飞瀑高桥，溪清雾渺。画法笔墨坚实浑厚，景物郁茂，气势轩昂，感情奔放。近处水坡前画一老者迎飞瀑立眺，比例虽小，却点明主题。原来此画乃画家给他的文学老师陈宽（字孟贤，号醒庵）的70寿礼，陈祖籍江西，所以用庐山来象征老师的人格，融"崇高"的理想境界与壮丽的山川为一体，祝先生寿比南山，实际上也揭示出画家个人的开阔胸襟。

通过这件寿礼，沈周不仅赞美了老师的人格和学识，同时也表现出自己谦虚好学的态度，大有高山仰止的作风。一位老师能够以自己诲人不倦的贡献换得这样一件"价值连城"的礼物，真让我们叹喟良多啊！

◎为什么唐寅自号"天下第一风流才子"？

唐寅（1470—1523），字子畏，一字伯虎，苏州人。因晚年信佛，取《金刚经》经义自号六如，也作六如居士。他是明中期的吴门四家之一，其山水与花鸟画在画史上拥有极高的地位，其人物仕女画师法张萱、周昉，有晋唐遗风。唐寅是吴门画派中用笔最活脱、技法最全面的画家，因画法能兼宋元工写之长，显示出不同凡响的艺术魅力。

唐伯虎少年即有"狂生"之态，他16岁中秀才，29岁与明四家之一的文征明同赴南京乡试，中解元，所以又被人称"唐解元”。次年北上进京会试，不幸身累科场贿案，受牵连下狱。画家出狱后更加性情放逸，终日沉缅于诗酒，或漫游于大江南北的名山大川，从此扩大了眼界，丰富了胸次。归乡后，画家在苏州城西北的桃花坞起筑“桃花庵”，靠卖字画为生。其后求画者甚众，应付不及，尚请老师周臣代笔，声誉比此前更大。

唐伯虎曾自刻一印，曰“江南第一风流才子”。他的生平与艺术历程的确成了后世文人画家争相效仿的理想模式。他的“风流”导致了“三笑姻缘”故事的产生与漫传，虽说是盲词弹唱不定一信，但附会之中可见后世文人对他中年以后“百年障眼书千卷，四海资身笔一枝”式的浪迹生涯的激赏之心。如今“三笑”的故事还被编成了电影，这种礼遇在古代名家中甚是罕见，致使唐解元的名字几乎家喻户晓，妇孺皆知。

◎仇英的人物画为什么在画史上别具一格？

仇英（1494—1552）字实父，号十洲，江苏太仓人，长期住在苏州，以卖画为生。其实不能把他归入文人画家、宫廷画家之列。之所以说他不能清楚地被列为宫廷画家、文人画家或职业画家之列，因为他本来是一位漆匠，不是读书人，也没有任何的功名，所以不易跻身于名家之林。然而他却有着一流的艺术才能和表现技巧。他画的画极其优美，所以非常受欢迎，影响力至今不衰。

他曾客居于大收藏家项元汴的家中，有机会临摹和观赏前代的伟大作品。并通过这样的过程，深入地理解和掌握了古人画家的作品精神与技巧。另外一方面，他来自于民间，靠精湛的画艺赢得人们的关注。因此他作画不像文人画家那样，逸笔余兴，或者靠在画面上写字、题字来弥补画技的不足。他不是这样，他必须靠画面的效果来打动人，所以他非常认真、刻苦地对待艺术创作，董其昌虽然曾经嘲笑过他这样的创作方式，然而在面对他的作品的时候，却不能不发出这样的叹息："十洲为近代高手第一，兼有南宋二赵之雅！"

他的青绿山水和工笔人物画，具有工整而细腻的风格，然而这种工整、细腻，以至于色彩的浓丽，却散发着一种高雅的气息。因此他的绘画除了新兴的商人阶层和市民阶层的大加欣赏之外，文人也不得不由衷地给他的画以好评。将他和沈、文、唐一起称为"吴门四大家"。

◎董其昌为什么不喜欢仇英的画？

董其昌，华亭人，字玄宰，号思白。万历己丑进士，官至大宗伯，谥文敏。以书法名重海内。画山水宗北苑巨然。秀润苍古，超然出尘，自谓好画有因。其曾祖母乃高克恭之云孙女也，又曰："余少学黄子久山水，中复去而为宋人画。"又曰

"余画与文太史较，各有短长。文之精工具体，吾所不如。至于古雅秀润，更进一筹矣"。生平最矜其画。贵人巨公，郑重请乞者，多请他人应之。所著有《画禅室随笔》、《画旨》、《画眼》等。

董其昌不喜欢仇英的画，缘于《画祥室随笔》中所持之观点，即："画之道，所谓宇宙在乎手者，眼前无非生机，故其人往往多寿，至如刻画细谨，为造物役者，乃能损寿，盖无生机也。黄子久，沈石田，文征仲皆大耋，仇英短命。赵吴兴止六十余，仇与赵，品格虽不同，皆习者之流，非以画为寄以画为乐者也。寄乐于画，自黄公望始开此门庭耳。"至于董其昌在其他画跋中对仇英之画，多数还是肯定、赞誉的。故宫博物院所编《吴门绘画研究》中所见董其昌对仇英的画评价还是很高的。

◎为什么徐渭在题画诗中自称是"半生落魄"？

徐渭（1521—1593）初字文清，更字文长，号天池、田水月等，晚号青藤道人，山阴（今浙江绍兴）人。徐渭是明末水墨写意花鸟画的开山鼻祖，明代草书浪漫派的杰出书画家、诗人及剧作家。

徐渭出身于一个衰落的小官僚家庭，他的母亲是继室，所以他是"庶出"子。徐渭出生百日父卒，后长兄经商破产，家境败落。徐自幼聪颖，20岁中秀才，但此后直到41岁，21年间8次乡试均落第，终生不得志于"功名"，这在惟科举事用的封建时代无疑给青年徐渭以终生沉痛的一击。徐后随浙闽总督胡宗宪麾下做幕僚，常布衣小帽出入胡府，流露出艺术家不拘礼法、为人狷介的个性。因为抗倭有功，受到当地百姓的爱戴，所以民间流传着许多徐文长的传奇轶事。后来朝中权臣严嵩失宠，胡宗宪被捕并在狱中自缢。当时传闻朝廷要肃杀胡氏余党，徐渭闻讯后不禁终日恐慌无度，几度精神失常，欲自杀未成。其后终因误杀后妻被判下狱。出狱后已52岁的画家以卖画为生，性情更加放达，彻夜狂饮，蔑视权贵，并以极端清贫的生活方式迎来了他创作生涯的高峰期。其死后因为身无分文，被草席裹尸弃于荒野。

历经数次世变、家变及政变的画家在晚年创作了他水墨写意杂花疏果的代表作《墨葡萄图》轴（纸本墨笔，现藏于故宫博物院），并在画上题诗作："半生落魄已成翁，独立书斋啸晚风，笔底明珠无处卖，闲抛闲掷野藤中。"诉尽了自己的沧桑世事和悲哀心曲。

◎为什么郑板桥和齐白石称自己是"青藤门下走狗"?

　　徐渭的绘画继承了林良、沈周与唐寅的水墨花鸟画传统，用草书笔法入画，冲破了文人画素有的闲雅平和的趣味，突出激越喧嚣的色彩和个人气质，其骚动的情绪随润泽的笔墨溢于纸面。画花果枝干叶脉先以粗线放墨，而后没骨，墨渖淋漓，无一笔造作。他的画言简意赅，疏斜历乱，被论者称作"推倒一世之豪杰，开拓万古之心胸"。

　　徐渭生前名声不出故里，直到明末清初以后才以诗词戏文首先得到世人看重；至清中后期，其书画受到石涛、八大山人和郑板桥等人的重视，可见其意义更集中在对后世画法的开拓上面，重点落在"革新"二字上。徐渭的《水墨牡丹图》中有一首题画诗作："五十八年贫贱身，何曾妄念洛阳春；不然岂少胭脂在，富贵花将墨写神。"从一个侧面反映出他不仅继承了沈周以来的水墨花卉传统，而且更为后来的扬州八怪以至海派之后的诸家树立了墨花点叶写意法的基础格局。怪不得郑板桥和齐白石在言词间对他钦佩得五体投地哩！郑板桥曾以"五十金易天池石榴一枝"，亲临徐渭的笔法，并刻有一枚"青藤门下走狗"的印章。近代大师齐白石更放言道："青藤雪个（八大山人）远凡胎，缶（fǒu）老（吴昌硕）衰年别有才；我欲九原为走狗，三家门下转轮来。"其谦逊之情无以附加。

◎董其昌等人为什么要在山水画史中区分"南宗"与"北宗"？

唐岱《绘事微言》中有这样一段话："画有正派，须得正传。不得其传，虽步趋古法，难以名世也。何谓正传？如道统自孔、孟后递衍于广川、昌黎，至宋有周、程、张、朱，统绪大明。元之许鲁斋，明之薛文清、胡敬斋、王阳明皆嫡嗣也——学画亦然……唐李思训、王维始分宗派。摩诘用渲淡，开后世法门，至董北苑则墨法全备。荆浩、关仝、李成、范宽、巨然、郭熙辈皆称画中贤圣……元时诸子，遥接董、巨衣钵，黄公望、王蒙、吴镇、赵孟頫皆得北苑正传，为元大家。高克恭、倪元镇、曹知白、方方壶虽称逸品，其实一家之眷属也。明董思白衍其法派，画之正传，于焉未失坠。"董其昌等人正是企图建立一个正统的艺术史观而来确立自己的正统的艺术地位。

对于阐扬南宗并且以南派绘画领袖自居的董其昌，在他的理论中随处可见他所流露出来的文化上的优越感——他相信艺术的优劣在他这里可以立即判断出来；而且相信这种优越感借助于南宗禅的范畴就可以点明。而"南北禅"的最大差异就是"顿"、"渐"之间的差异："顿"意味着敏锐的悟性与高超的智慧或天赋，而"渐"则正好相反。他对禅的心境的领悟，使他自然而然地把握了艺术精神的主体意识；而对主体意识的把握，又自然而然地渗透于审美意识，这实在是构成南北宗画风的有着决定意义的转换，即完成了艺术精神的转换。

◎陈洪绶所作的人物画为什么高古怪异？

陈洪绶（1598—1652），字章侯，号老莲、悔迟，又号小净名等，浙江诸暨人。

他曾经临摹过宋代画家李公麟所作的七十二贤像，也学过唐代人物画家周昉的画，努力追摹周昉画中的那种高古意味，还可能受到了五代贯休罗汉图的影响。所以他的人物画，尤其是高士的那一种，往往画得头大身小，看起来有些奇形怪状，这是有意地夸张造型的比例因而比例失调的结果。然而这种"失调"却是他的最得意之作，在这里，寄托了他的简傲的高士情怀，同时也是他的绘画进入化境的一种标志，和他独特的匠心之所在。

他的画，在运用线条方面达到了顶峰。他善于从篆书、隶书、草书等笔法中提炼出极富表现力的因素，线条的运用或用游丝、流水纹，或顿挫若折带、屈铁，真实而美妙地展示了所绘之物的质感、量感、空间感与运动感。节奏与韵律明快高古，与他笔下的人物之精神有息息相通之处。在具体处理时，

陈洪绶仕女人物

或白描、或淡彩、或重彩、或衬染，力求淋漓尽致地表现画面的意境。他的版画《西厢记·窥简》一幅，堪称是这方面的典型之作。

总而言之，他的画早年的细密、浓丽，而晚年的画则是在无意中流露简略，笔简、墨简、色简、迹简，简淡之中，能包具无穷的美境。所以他的画影响极大，如清代的三任（任薰、任熊、任颐）都不同程度地受到了他的启示与影响。

◎陈洪绶与崔子忠为什么并称为"南陈北崔"?

陈洪绶（1598—1652），字章侯，号老莲，浙江诸暨人。他善画山水、花鸟，尤精于人物。他是明末清初人物画坛上继往开来的重要画家，中国古代杰出的版画家。因其喜画莲花，所以自号"老莲"。陈洪绶学画很早，19岁即创作了离骚插图绣像12幅，其中的《屈子行吟》是他早年人物画的力作，这套作品于30年后被徽派名刻手镌版付梓，流传甚广，影响极大。陈洪绶人物画受李公麟的影响，题材上偏重表现历史故事。人物形体夸张，造型诡谲怪诞，"易圆为方，易整为散"，极富主观情感化。所以张浦山在《越画见闻》中称他的成就高过同时代的画家唐伯虎与仇英，说："盖三百年无此笔墨也。"

崔子忠（1574—1644）字道母，号北海，山东莱阳人，常年寓居北京。崔擅画仕女人物，师法南唐周文矩，衣纹多屈曲转折，画格清丽灵秀，白描人物自出新意。现存代表作有《云中玉女》（上海博物馆收藏）、《长白仙踪》（收藏处同上）。

因为这两位画家都曾活动于北京，且在晚明的人物画坛上闻名遐迩，独领风骚于一时，所以朱彝尊的《曝书亭集》中记

陈洪绶仕女图（明）

有"崇祯之季，京师号'南陈北崔'。证实了历史上的崔陈二
人确实画名出于同时，且有广泛的影响。

◎曾鲸的人物画在画史上为什么被称作"波臣派"？

明中叶后，由于城市工商业的繁荣，市民文化发展迅速，对欣赏和典藏肖像画的需求量明显超过了前代，于是涌现出一批专事肖像的写真画家，曾鲸（1568—1650）便是明末肖像人物画家中最具代表性的一个。曾鲸是福建莆田人，字波臣，长期流寓于南京，接触过当地流传的由西人利玛窦带来的西洋圣相画，并将其画法融入到日后的创作中，成为明末以来中国画学史上第一位画法融贯中西的人物画家。

曾鲸的人物画与当时画坛流传的风尚不同，并不是注重线条的表现和设色积厚的效果，乃以"重墨骨"法，烘染人物面部数十层，又以淡赭色略加铅粉，按面部结构和老幼肤色的不同特征，结合外来画法层层积染。接着在五官部位用较浓的赭色笔勾提轮廓，达到笔墨色浑然一体的艳而不俗的艺术境界。所谓略施淡彩，不露笔痕，其凹凸处有镜中取影的效果。这种画法不久就迅速地普及开来，追随他的弟子很多，因此画史上按其名字称此种人物画风为"波臣派"。

曾鲸笔下的人物多江南文化名流，代表作如《张清子像》（浙江省博物馆藏）、《王时敏小像》（天津市艺术博物馆藏）等等。

◎为什么说日本的山水画深受明代画风的影响?

日本的山水画始于室町时代（1334—1572），其后，由于禅宗思想的确立和宋元中国绘画的影响，它最终从佛教艺术中分离出来，确立了自己的民族样式，进而在继承之余创立了日本的宋元水墨画派，即狩野、土佐和云谷派。这三大画派不仅促进了日中艺术的交流，而且也使日本的绘画发生了历史性的嬗变。

以宋元水墨画派为背景，15世纪的日本画坛推出了如拙、周文和雪舟这样一批深受中国明代院体画耳熏目染的山水画巨擘。其中如拙（如雪）是这个画派的创始人，他原是中国明代人，画法直师马、夏与牧溪等人。其次的雪舟等扬是云谷派的始祖，于明成化三年（1467）以画僧的身份随日本使者来到中国。他是当时宣德画院南宋院体画的名手李在的入室弟子，曾受命为宪宗皇帝绘制礼部院中堂壁画，美名一时载誉朝野，在明初画坛上的地位颇高。这位足涉大江南北，遍览山水名胜的画僧于1469年归国，日后以他宋元破墨与设色法的高超造诣以及笔劲墨雄、气魄豪迈的写实山水画风使日本绘画脱尽了政教束缚，并赢得日本"画圣"的美誉。

此外，中国的画僧逸然（1601—1668）曾于明末东渡扶桑，向那里的画家亲授宋元山水人物画法，并开创了日本17世纪末叶卓有成就的逸然画派。

◎为什么说清代绘画的特色是古韵新声？

　　承继明末的遗绪，绘画出现了几种状况：一是以"正统"绘画自居，如王时敏、王原祁等人；他们信奉董其昌的理论，并认为董其昌为他们指出了一个正确的道路。这个正确的道路，就是以摹古为主，希望在自己的作品中复现古代的辉煌，这一派从王时敏、王鉴发轫，到王翚、王原祁而占了画坛的主宰地位。在他们的画中，所面对的问题由自然转到了画面，形式成为艺术的第一难题。一是"遗民派"，如渐江、龚贤等人；他们的画虽然不是清代画坛的主流，然而他们深入于自然之中，所以在视觉的表述方面，异常生动新鲜，将"忠实于自然"和"理想的美"融而为一，他们每能得到批评家们的高度评价。

　　一个则是"野逸派"，身上有一种强烈的个性和创作冲动，如八大山人、石涛等人。他们的画风非常独特，对正在寻求出路以摆脱由摹古而僵化的画家来说，他们的画是最能让人们激动的，因他们的绘画有强烈的表现力，精湛、率真而单纯的技术与摹古者的那种虽纯熟而无生机截然相反。清代的绘画，由于有他们的存在，而给画坛带来了特殊的张力和动人的力量。

　　另外，西方绘画的某些因素也渐渐地渗入了中国传统绘画之中，以郎世宁等人的作品为代表。他们的画在"五四"前后，得到了人们的重视，以为那是为中国画开新的一条路。

◎为什么王时敏、王鉴、王原祁、王翚四家被称为清初的"正统画派"？

清初的山水画以"四王"影响最大，波及范围近两个世纪。"四王"即王时敏、王鉴、王翚和王原祁。他们的门生众多，其后在画史上又生发出"小四王"与"后四王"的绘画群体。

"四王"以山水画成就最突出，但总的倾向是泥古，其样式和态度正如王时敏对王翚的赞誉，是"笔墨神韵，一一寻真，且仿某家则全是某家，不染一他笔，使非题款，虽善鉴者不能辨"，所谓"摹古逼真便是佳"。王翚则自称他的山水是"以元人笔墨，运宋人丘壑，而泽以唐人气韵，乃为大成"。可见"四王"山水虽是丘壑造物，但笔法都很坚实，有极强的传统功夫。

"四王"在清初形成主导优势且被视为"正统"，这有它的内外原因。就其本身而言，"四王"家世优裕，地位高贵，在明清易祚的动荡政局中受冲击不大，于是较快地成为"顺民"，安居乐业，研习传统，以书画表达心境平和。或出入官场，交友显贵，有的如王翚还曾亲自参与《南巡图》绘事，不遗余力地颂扬皇恩盛世。另如王原祁，是康熙进士，供奉内廷，曾奉旨编纂《佩文斋书画谱》，得一时之荣。他们在画法上承董其昌的意旨，在清初文化的转型期恰巧以中庸的画道迎合了时代的需要，因此受到皇帝的称赞，命运不比"四僧"派那般惨淡。再次，由于顺、康南征，清初的民族矛盾一度趋于弱化，新的社会转机招引着一般士大夫遁入安逸、中庸与自满的思想格局，所以待到"四王"那种四平八稳的画派产生，就不能不受到一大批潮流人士的喜爱，更别说皇帝方面的首肯与恩遇了。

◎为什么髡残、八大山人、渐江、石涛四人被称为"画坛四高僧"？

正好与"四王"的遭遇相反，同样经受了"甲申之变"和异族统治的羞辱，因为本是社会阶层中的末流，或者是前朝的没落贵族，所谓"遗世逃名老"，既有着一仆不能事二主的困窘，又背负着国破家亡、流离失所的厄运，于是画坛上又涌现出被称为"清初四僧"的髡（kūn）残、八大、渐江和石涛这四位具有革新变法精神的画家。

之所以称作四僧，是因为这四人都曾是出家的和尚，都有家国之痛，忧患意识和极强的自我丧失感，都有孤傲不驯的个性，对清廷都是满腹牢骚，四僧都以佛老思想为主体，在艺术作品中灌注着一种复合的愤懑情结。其创作总体上比较清淡朴素，符合了儒家文人"白玉不琢为上品"的传统审美情怀。他们画法的异点是：渐江用笔较空灵，以俊逸胜；髡残笔墨沉着，以醇朴胜；八大山人笔致简率，以神韵胜；石涛笔法恣肆，以奔放胜。这四人都以山水或花鸟画的成就最大，虽不曾谋面，但命运与经历大致相同。之所以出家为僧，多为环境所迫，所以根本上并无心事佛，而以绘事终其生。四僧在清初时以渐江的声望最为突出，朱耷（八大）和石溪（髡残）的名声则不出蜇居之地。后来石涛、朱耷的名望渐有上升，至如今，石涛乃成了清代以来领南北画坛风气之先的表率。

◎为什么八大山人的签名看起来像"哭之"与"笑之"？

八大山人原名朱统（1626—1705），是明朝宁王朱权的后裔。明亡后，弱冠之年的八大山人口疾加重，因忧患故国竟至常年一语不发，并在门上贴一哑字，平日或哭或笑以佯狂之态躲避清兵杀身之祸。顺治五年八大山人出家为僧，法名朱耷。顺治十年又弃佛归道，并于顺治十八年在南昌修建青云谱道观，蓄发娶妻。60岁后画家浪迹四野，居无定所，卒年止于北兰寺"瘆歌草堂"，结束了其一生"遗世逃名老，残山剩水身"式的苦难历程。

八大山人一生颠沛流离，虽有明室遗民的身份，却英雄托足无门，命运极为渗淡。因为生活动荡身份复杂，又为了隐姓埋名的需要，画家平生别号众多，作品上的题名千变万化且含义深刻。八大山人号乃为弃僧还俗后取用。由1684年59岁起用至去世方止，这一期间其他前号均弃置不用。八大山人名号的来历据《南昌县志》、《隆科宝记》中说，是因为他曾持有赵子昂所书的《八大人觉经》，故而得名。而清人张庚则认为"八大"二字与"山人"二字紧联起来，即"类哭之、笑之"，画家以此为号借以况寄自己颠沛流离、黯然神伤的一生，况且八大山人的诗中也有"无聊笑哭漫流传"的字句。八大山人晚年的作品笔墨更加简当，气质更加老辣，往往只取用零落的物象寓意强烈的主观感受，而他那简捷的类哭之笑之的款识恰好和此时的画风相合一，昭示出他的亡国之恨，同时也使其作品具有了郑板桥所说的"墨点无多泪点多"的意境。

八大山人鱼

◎石涛为什么要在画论中提出"一画"？它的意思是什么？

1700年，石涛完成了著名的《画语录》。全书共分十八章，第一章最为重要。在这一章中，他提出了"一画"，作为绘画的本体论。他这样说："太古无法，太朴不散。太朴一散而法立矣。法于何立？立于一画。一画者，众有之本，万象之根，见用于神，藏用于人，而世人不知，所以一画之法，乃自我立，立一画之法者，盖以无法生有法，以有法贯众法也……未能深入其理，曲得其态，终未得一画之洪规也。行远登高，悉起肤寸。此一画收尽鸿蒙之外，即亿万万笔墨，未有不始于此而终于此，惟听人之握取之耳。人能以一画具体而微，意明笔透……用无不神而法无不贯也，理无不入而态无不尽也。信手一挥，山川、人物、鸟兽、草木、池榭、楼台，取其用势，写生揣意，运情摹景，显露隐含，人不见其画之成，画不违其心之用。盖自太朴散而一画之法立矣。一画之法立而万物著矣。我故曰：'吾道一以贯之。'""一画者，字画先有之根本也；字画者，一画后天之经权也。能知经权而忘一画之本者，是由子孙而失其宗支也。"

"一画"是什么呢？有的人说，"一画"就是一根线条；

有的人说，"一画"就是简单的一笔，或者是画一道线，等等。综合几种看法，我们大致可以肯定，到这个创造万物的"一"，与绘画的创造十分近似，因而将它作为一种本体论，而贯"一"是未成形的道、自然与宇宙。因此在石涛那里，在绘画遵循着"一画"这一法则，就是接近于"道"这个最为重要的既是宇宙的内在法则，同时也是艺术的内在法则。所以，"一画"在绘画中的体现，在它浇在纸上的一瞬间，就意味着原初的道以及万物的诞生。绘画能够完成洞察人的内心世界的秘密，以及洞察宇宙的秘密，乃存在于一位画家对此"一画"所能掌握的程度如何——"一画"是使一位画家接近精神与先验世界的必不可少的因素；在具有深刻含义的一画论中，"一画"这一范畴已经远远地超出了个人境界，开始具有一种普遍意义——"一画"之法是画家本身棣通宇宙及精神世界的津梁——简单地说，以画理解宇宙，并使自我与宇宙的创化在画中统一起来，其全部的秘密，是如何将自我与宇宙的根本之道相一致！

◎画僧石涛为什么到北京后又要离开北京?

康熙二十八年（1689）的春天，康熙帝第二次南巡，三月驻跸扬州，在平山堂召见扬州各界人士，石涛也列入其中。而且，康熙帝在这次的接见之际，竟当众呼出了石涛的名字，这显然使石涛受宠若惊，曾赋《客广陵平山道上接驾恭纪》七律二首，以记录他激动的心情。其中第二首中有四句是："圣聪忽睹呼名字，草野重瞻万岁前。自愧羚羊无挂角，那能音吼说真传。"从诗中所述可见，石涛所以没能像他的师祖、父那样获得皇帝的恩宠，是因为自己的禅学修养不够，不能在皇帝面前奏对机缘。而在实际上，康熙帝对禅学实在是没有多大的兴趣。禅学的路没有走通，石涛又把能够博得皇帝欢心的机会放在了绘画方面，如首先他画了《海晏河清图》，款署"臣僧元济九顿首"。

这一年的秋冬时节，石涛的北京之行终于成行了。一到北京，他便奔走于各权贵门下，为他们赋诗作画——应该说，他这一段时间的绘画，正是他创作上的高峰，气势宏大，用笔精湛，赋色富丽，笔墨极其精工，与他晚年的那种粗疏截然不同。从此时的画风来推断，则正像他在一首诗中自表心迹所说的："欲向皇家问赏心，好从宝绘论知遇。"可是，他的这一愿望竟也没有得到皇帝的格外垂青，只是周游于各权贵门下。这对他来说，虽然生活可能要好过一些，然而并不是他的主要目的。

在北京的3年，他在那里为一些显赫人物作画，成为他们的座上客。虽然石涛和当时的一些权贵交游甚笃，然而他毕竟既没有像他的师祖通秀那样，也没有像他的师父旅庵那样得到皇帝的尊敬——毫不奇怪，他奔放的个性与叛逆的画风并不适合于皇帝的趣味，此时的康熙正沉溺于董其昌的艺术天地中呢！

于是，石涛很失望地离开了北京，重回南方，并定居在扬州。

◎王原祁为什么说石涛的画"大江以南第一"？

石涛（1642—1707）法名原济（也作元济），号石涛，别号颇多，如清湘老人、苦瓜和尚等等，他是清初四僧之一，是中国近古绘画史上最有革新精神又影响深远的一代绘画大家。石涛绘画有自家面目而无定型，这正是他奇峰突起于当时同样具有创造精神的梅清、戴本孝、石溪、八大山人、弘仁之上的重要基因。石涛笔法不拘于一种形式体制，而是多种笔势自由变化，粗的、细的、光洁的、破笔的、干的、湿的、浓的、淡的、柔媚的、泼辣的、凝重的与飞舞的无不兼收并蓄，到了随意自如的境界，是很难以一幅画界定石涛风格的。石涛的构思布意有他自己的笔路与墨法，以至画中的题跋都有着自家的格局与风趣。石涛画过不少《黄山图》，不论是册页，还是长卷与巨轴都写出了黄山的"灵气"。他不论画黄山云烟、江南水乡，或匡庐、溪南、泾川、淮扬、常山景色都尽其神妙，反映出他宽泛的阅历与丰富的法度。石涛是四僧中最出类拔萃的画家，对后世的影响最大，乃至晚近的张大千也缺不得他的支撑。当代画家冯亚珩更因为崇尚他与鲁迅先生，而化名石鲁。当年与石涛的艺术背道而驰的正统派"四王"，在保守泥古的主张之余，似乎是看出了自己作品有"揩揩涂抹，不逾鹦哥"之嫌，所以竟连它的中坚人物王原祁也无可奈何地说："海内丹青家不能尽识，而大江以南，当推石涛第一，予与石谷（王翚）皆有所不逮。"这位艺术劲敌的感叹恐怕是对石涛上人最无虚词的评价了。

◎为什么安徽画家被称为"新安派"？

新安是古郡名，唐时称歙州，宋以后为徽州，统辖歙、休宁、黟、绩溪、婺源、祁门等县。安徽的这个地方最为风光，自然奇景叠出，黄山白岳并峙于歙休二县，练江和浙江汇合而为新安江，奔腾而入浙江省境内。新安是古时高隐之士的蛰居处，人文历史和商业经济发展到宋时已然蔚为可观。历史上的"徽商"曾富甲一时。但境内的绘事直到明万历年间才真正地繁荣起来，至明末清初，终以倪云林的清逸画风作统领，为画史召集出弘仁、查士标、孙逸与汪之瑞四位画家，被清人冯金伯的《国朝画识》称作"新安四大家"。从而使安徽画家有了历史盛名。

清人张庚提出："新安自渐师（弘仁）以云林法见长，人多趋之，不失之结，即失之疏，是亦一派也。"新安画家独宗清逸，以倪瓒为师，虽说倪高士的画风本宜于表现疏林平坡的太湖风光，但能被以弘仁为首的新安派拿过去表现黄海峰峦，可见他们是心有灵犀的。正如石涛所言："笔墨高秀，自云林之后罕传，渐公得之一变。后诸公实学云林，而实是渐出一脉。"

新安四家中，弘仁之画萧疏高简；查士标之画用笔爽利，气韵荒寒；孙逸之画闲雅轩昂，蔚然天成；汪之瑞之画皴多披麻，笔若急风暴雨。四家以各自所长貌写自家山水，以清逸伟峻的新风崛起于清初画坛，使世人耳目一新，复使新安派之名一直沿用至今，经久而不衰。

◎为什么清初的画家渐江、梅清、石涛被称为黄山画派的三巨子？

渐江（1610—1664）是以云林之法表现黄山胜景的"新安派"健将，他早年家贫，明亡后两次反清均告失败，遂于1647年在武夷山削发为僧，法名弘仁，字无智，号渐江。数年后返回家乡，来往于黄山、白岳之间，展开了他"此翁不恋浮名久，日坐茅亭看远山"的艺术生涯。渐江法从倪云林的清逸画风，作黄山山水50幅，每图必见真景，开清初山水之新意，笔墨苍劲整洁，意趣幽雅沉静，与云林之画更多出一分骨壮气。代表作如《黄海松石图》轴。新安派的同辈查士标称他"渐公画入武夷而一变，归黄山而一奇"。史传渐江"岁必数游黄山"，殊不知这位画家的仙世之日，尚在持画箧以入黄山的道途之中呢。

此外，清初的画僧石涛也以画黄山闻名天下，他早期的山水画有大批黄山图，画风简淡清秀。他曾自题《黄山图》曰："黄山是我师，我是黄山友。"贯彻他山水画"搜尽奇峰打草稿"的创作主张不遗余力。石涛在安徽宣城时，与当时的名士梅清素有交好，梅清（1623—1697）字渊公，号瞿山。石涛早期的山水，受到他的一定影响，而他晚年画黄山，又受石涛的影响。他们三人同画黄山，为当代的名家贺天健称作渐江得黄山之质，梅清得黄山之影，石涛得黄山之灵。三家力创清初的黄山画派，又被当代的山水大家黄宾虹称作"黄山三巨子"。

◎龚贤为什么被称为金陵派巨子？

龚贤，又名岂贤，字半千，又字野遗，号柴丈人。他生于1618年，死于1689年。龚贤的祖籍在江苏昆山。"金陵八家"中位列其首。他一生坎坷，青年时代不满明王朝的黑暗统治，与复社文人交往密切，曾受迫害徙居数次。明亡后抱着"短衣去国"的志向，在北方飘泊近十年。晚年定居南京清凉山，卖画为生，生活十分清贫。龚贤的创作思想注重以画寄情，他的山水画感情色彩最浓烈，或绘江南明丽风光，抒发对祖国山河的眷恋之情，或作残山剩水倾诉他的亡明之痛，或写隐逸环境，以寄托他的理想。龚贤重视"师法自然"，作品大多描写熟知的家乡风光，并真实再现江南山川的丰饶明丽境界。如《摄山栖霞图卷》、《清凉翠珀图卷》。龚贤的绘画方法在当时和后世都有许多追随者，他首创的"积累法"不仅能表现自然景物的光明感，而且能反映出阴晴明晦的变化，避免了笔墨的平淡，使之成为"金陵画派的巨子"。

◎为什么说吴历的绘画借鉴了西方绘画的表现方法?

吴历，字渔山，江苏常熟人，生于1631年。因家居之处有言子井，井水如墨，因而自号为"墨井道人"。在他信奉天主教并开始传教之后，名为西满勿略，西姓雅古纳（A.Cunha）。

在他29岁左右时，他一边与名士们相往来，一边也与来自比利时的传教士相往来。当他的妻子死了之后，他便彻底地皈依宗教了，他那时大概45岁左右；50岁时，他与传道士一起到澳门去学道。在为他作传时，都终止于此，说他浮海而去不知所终。吴历在这里的三巴寺中立誓苦修，兼读拉丁文、神学与教律诸书。后来在嘉定与上海之间传道。从此之后，他的后半生都贡献给了天主教。1711年的春天，他在上海病逝，葬在南门外的"圣墓堂"。

在绘画上，他大约在15岁之前就师承王时敏、王鉴，与另一大画家王翚是同学，出入于宋元之间，尤其是对黄公望、王蒙一派用力最深。而在富丽清新的风格上，有些近于唐寅。

吴历一生绘画的鼎盛期是在他的中年，以《湖天春色图》为代表。这幅画是画给一个外国人的，构图与传统绘画的构图方式有着明显的不同，《鸥馆渔话》因此谓其"好用洋法"，也就是说，他的画参用了西方绘画的方法。虽然吴历自己曾说过："我之画，不取形似，不落窠臼，谓之神逸。彼全以阴阳向背、形似窠臼上用功夫。即款识，我之题上，彼之识下，用笔亦不相同"，但不能不说他暗用西法。因为，从那个时代来说，他的这种画法毕竟是少见的。可以说，他为中国绘画开了一个新路。

◎为什么说恽寿平的没骨画法别开生面？

恽寿平（1633—1690），初名格，字寿平，后以字行，改字正叔，号南田，别号云溪外史，江苏武进人。当清兵南下的时候，父子散失。在清兵破建宁时，他才13岁，被主帅陈锦抓了去。由于陈氏无子，而且陈的妻子喜爱恽寿平的聪颖，于是收他为养子。后来他设计逃脱。因为他的父亲和兄长都忠于明，所以他也不应举，而以诗、画终一生。他的画名很大，然而除了知己之外，他从来不为权贵们作画，一生穷困潦倒，常常挨饿。

他画的花卉，兼用黄筌和徐熙的方法。他的独绝在于恢复了徐熙的没骨方法，也因突出的成就而被称为"常州派"或"毗陵派"。他的成就，甚至被后人评价为起清初花鸟画之衰，就像韩愈"文起八代之衰"一样。

他的成就表现在以下几个方面：一，虽师法古人，然而更重写生；二，注重于客观物象的形，同时更重形似之外的色、态、韵、光；三，作画不但注重于表现物态的神韵，同时还能打动观众；四，以人格贯注笔底。综合以上四点，就可以明白，在他的花鸟画中，为什么会有一种幽逸隽秀、自然天成的韵致了。如藏于南京博物院的《锦石秋花图》，构图简洁明快，画中的物体顾盼生姿、摇曳多情，使人充分地领略到了不似春光而胜似春光的明媚。

◎为什么说华喦的画是兼工带写独辟蹊径?

华喦（1682—1756）是一位大花鸟画家。他字秋岳，号新罗山人，福建上杭人（一说莆田人）。他小时候为造纸坊的徒工，然而却十分喜爱绘画。他的一生，先后在杭州和扬州度过，死于杭州。

他工于人物、山水，尤其以花鸟、草虫为最好。他的画远承李公麟、马和之，近师陈洪绶、石涛、恽寿平。重视写生，所以他的画，形象生动而多姿，在用笔上极为讲究，每根据对象的不同，而施以干墨、浓墨、淡彩、重彩。

他不像恽南田那样的工致，而是将写意与工笔有机地结合在一起。即，他总是用工笔来画鸟虫，力图精到地传达出生物的神态；他用写意的方法来画花草，往往是寥寥数笔，着墨不多，在画面上形成一种反差。所以，他的画虽然设色鲜艳，然而因有水墨的衬托，便不显得俗腻，而有一种特殊的松秀明丽、空灵骀宕之致。人们把他的成就视为可以和恽寿平并驾齐驱的人物。的确，他对清代中叶以后的花鸟画创作，有重大的影响。

传世作品有《梅花黄鸟图》、《蔷薇山鸟图》、《梧桐栗鼠图轴》等。

◎为什么画史上称清中后期的扬州画派为"扬州八怪"？

"扬州八怪"最典型的说法有八人，他们是金农、黄慎、郑燮（xiè）、李鱓（tuó）、李方膺、汪士慎、高翔、罗聘。但通常泛论的扬州八怪不仅指此八人，说法众多，有8到15人不等。据扬州人的说法，"八怪"就是此地方言中奇奇怪怪的意思，与8的数字关系不大。所以"扬州八怪"是指8人也好，9人也好，15人也好，总之是指那些"怪"风格的画家的，或称之为"扬州画派"较为标准些。这15个画家，多数专长于花鸟，尤其梅竹，亦有长于人物或山水者，但对于花卉却无一不精通，无一不擅长。

"扬州八怪"是自石涛以来，清中后期画坛上出现的一群敢于革新变法，讲究文人意趣和特立独行的画家。他们虽不见得生长于扬州，但都以扬州作为艺术阵地，以贫民角色和卖画生涯展开艺事，他们精通诗、书、画、印，使中国画坛在晚近表现出良好的文人风尚和修养。他们提倡个性抒发，画风粗放，创作上大胆出新，不拘一格。他们笔下怪诞变形的物象是前代艺术视野中不曾出现过的，八怪标志着中国的传统绘画已全面转向现代的变格阶段，对后世的海派乃至当代画家李苦禅、潘天寿诸人极有影响。其中以金农（冬心）和郑燮（板桥）的声望最大。

◎为什么金冬心喜画瘦竹、野梅和羸马？

金冬心是扬州派画家金农的别号，这位自称是"五十始挥毫"的老画家平生布衣，晚年居扬州以卖画为生，诗文清丽，兼擅书画。他的绘画兼融诗、文、书、印于一炉，自觉渗合，其金石意味开扬州八怪画风的先河，其书法的成就在八家中惟有郑板桥的"六分半书"可与之媲美，他的绘画对后世的海派诸家影响极大。

金农的绘画有极强的文人趣味，他精于梅、竹、马和人像，造型十分古拙，对后来的齐白石有很大的启发。他的画表达了文人独守清贫、托名于风雅的志向，潜藏着愤世嫉俗的满腹牢骚，但也偶尔盘郁着许些的殿宇之心。如他后来题画马的诗中所言"于今画马，有顾影酸斯之怜怜态"，借以抒发画家的苦潦和世事艰辛的心态，他常说"世上已无伯乐"。又画《瘦马图》，题诗说："而今衰草斜阳里，人作牛羊一例看。"其失意和不平之心一目了然。

金冬心　竹

　　金冬心善画"江路野梅"，乃取其"天大寒时香千里"之意，使传统雅正的文人画更多了一份粗野的霸悍。他又擅长瘦竹画，所谓瘦竹，乃取多寿之意，画竹全用"星"式，与郑板桥的"介"、"个"法大异旨趣，显出一派天真与纯挚的情怀，使那"自然饱风霜耳"的瘦竹成为他赤子心的真实写照。

◎为什么郑板桥画竹反"胸有成竹"之道而行之?

郑板桥(1693—1765)字克柔，江苏兴化人。他本名燮，板桥是他的号。郑板桥善画清瘦竹，是扬州八怪之一。他的墨竹继承先人的画法，但更见新意，变化多端，是清中后期画坛中的画竹专家，其成就至今未见能出其右者。

郑板桥是一位注重自然、主张首先从生活人手的画家。他曾说："凡吾画竹，无所师承，多得于纸窗粉壁日光月影中耳?"可见他精于在平日里细心观察对象，心中并无固定的格式和粉本。对于前人画竹的成就，他主张务必要"学一半，撤一半"，"略其迹"而"取其意"。可见他更重视丰富、真切的生活实感。他总结自己的墨竹法是先从实际观察中获取"眼中之竹"，然后沉积为印象中的"胸中之竹"，任竹子的长短肥瘦与意趣情致烂熟于心，方能"如在笔底，如在目前"，最终借助于画笔倾泻于绢纸，变成画家的"手中之竹"，也即"画中之竹"。郑板桥通过对创作过程细致人微的分析，进而把主客观世界融为一体，其中既有对生活的观察，又有了主观意念驱遣下的取舍手段，最后达成完整的艺术作品，从中又强化了对基本技巧的认识。郑板桥的创作主张反映了他求新求变的精神，他笔下的竹子以"眼中之竹"一变而为"画中之竹"，显示出他心中并无固有的成法，即所谓胸中无竹的自如境界。因为随机应变，笔情纵逸，他的墨竹终于脱去文同以来倾向于细密的写实作风，因而比生活中的竹子更美、更具艺术的感染力，并成为文人墨竹画中的登峰造极之作。

◎为什么说虚谷的绘画风格是"神味冷隽"？

虚谷（1823—1896），俗姓朱，名怀仁，安徽新安人，移居于广陵（今江苏扬州）。出家后名虚白，字虚谷，号倦鹤、紫阳山民。何时出家，无史料记载，但不会晚于30岁。虚谷与苏州寺院的关系极为勾密切，做过狮林寺的住持，后来退居，不管庙务。他虽出家，但是不礼佛号、不拜菩萨，常与家人在一起——他实际上是一位似僧非僧的人物。上海是当时艺术的中心，所以他经常往来于上海。像任伯年、吴昌硕、高邕之等人都是他的文友。

他以作画谋生，但又自定数额，画满数额后便不再多画。他多画松、竹、梅、鹤等具有象征意义的题材，以示其高洁的节操。在笔法上，他可能用小笔作画，一笔醮墨，还未画完毕，墨水已干，于是他再醮一下墨汁接着往下画，于是断断续续之间，有一种生涩和稚拙的意味。偶尔他还会用一些强烈的对比色，包彩鲜艳中，隽雅鲜活，无一笔俗气，这是别人难能地方，而在他手里却非常轻松地就表现出来了。在他传世的作品中，以金鱼和松鼠为最有特色。

同"海派"画家的浓丽比起来，他的风格十分冷逸，用"神味冷隽"四字形容最好。

◎为什么任伯年要把他画的吴昌硕像称为《酸寒尉像》？

任伯年（1840—1896）是晚清海上画派的杰出画家，萧山三任之一。名颐，号小楼，浙江山阴（绍兴）人。他不仅以花鸟和山水画在海上画坛名盛一时，更因人物画的成就成为晚近画史中的写像大家。

任伯年仕女

任伯年常年寓居于上海，与沪上的文人墨客有广泛的交好，其中西泠印社的创立者吴昌硕即是一位。

任氏曾为吴昌硕画过三幅画像，其中以《酸寒尉》意味最深长。此图纸本设色，横77.1厘米，纵

164.2厘米，兼工带写地画出一位头戴花翎，穿着官袍，拱手而立的士大夫形象。作于1888年，此时吴45岁，任50岁。之所以命名为《酸寒尉》，是因为吴曾任过安东县的知县，却因不愿曲意逢迎，而当地又贼患甚重，吴无力拯救，于是只到任一个月就辞了先前用银两买来的官职，他曾自刻印章曰"弃官先彭泽令五十日"。此后以卖画为生，不免穷困潦倒，所以又取"酸寒尉"自嘲。任氏此图，人物形神兼备，设色艳而不俗。意味深处在于十分乖巧地传达出画家的两层含义，其一是觉得这样一位迁生步人于官场，此举有好笑处；其二是这位迁生最终没有被官场吃掉个性，可谓难能可贵。当然，两层意思加起来就达到了一种境界，让人在亲切的一睹尊容中不免心生出一丝寒凉之意，对黑暗腐败的政体会嗤之以鼻，而任画最大的奥妙正在于此。

◎为什么说吴昌硕的画富有"金石气"？

吴昌硕（1844—1927），初名俊，又名俊卿，此外他还有仓石、缶庐、苦铁、破荷、大聋、老缶、缶道人、酸寒尉、芜青亭长等字号，浙江吉安人。从少年时代起，就在其父亲的影响之下而喜欢作书与刻印。他的绘画，继承陈道复、徐渭等人一路的大写意之风，尽管学画起步很晚，但是有着惊人的成就的他却被视为"海派"的领袖。

如果论吴昌硕的绘画，那就不能不提他的书法与篆刻。有一个传说，说吴昌硕到任伯年那里去做客，任伯年让吴昌硕画张画看看，而吴昌硕此时还不会画画。但是碍于情面，他抓起笔来在宣纸上涂了几笔，不想任伯年却大为称赞，认为吴昌硕笔下的韵味，实非自己所及！为什么？就因为吴昌硕精通于诗、书法和篆刻，这种气味渗透在笔下，就成了绝妙的艺术。

吴昌硕的书法，主要得力于《石鼓文》，在对《石鼓文》所作的反反复复的临摹中，唤起的却是他的富有创造性的表现力。为了赋予篆书以更多的变化，晚年，他又在《石鼓文》基础之上，吸收了《散氏盘》的笔法，笔力更加恣肆，结构也更加奇古。这是一种接近于"草篆"的写法。他的用笔永远丰满坚韧，经常流动变化，字形也千姿百态——吴昌硕用它画梅花、画竹子、画藤萝——如果说，书画同源之说，在古人那里还只是一个理想，那么，在吴昌硕这里，却彻底地实现了，结合得是那么紧密，间不容发。画家们梦寐以求的"金石气"，在吴昌硕这里体现得最好，画风的苍朴老辣，没有第二人可以与他比拟。就是这些各门类艺术之间的熔铸与荟萃，吴昌硕的书法、篆刻与绘画，以其强烈的大写意风格，震撼了当时的书画界，名满海内外，东瀛艺苑，尤为之倾倒。

◎为什么说《芥子园画传》是中国画初学者最重要的教学参考书?

《芥子园画传》,是中国画技法图谱,通称《芥子园画谱》。该书第一集为山水,是清初王概根据明李长蘅的课徒画稿增编而成。第二集是梅、兰、竹、菊。第三集为草虫、花鸟,是王概、王臬合编的。每集首列画法浅说,亦有画法歌诀;次为摹诸家画式,附有简要说明;末为摹仿名家画谱。因刻制于李渔的别墅芥子园,故名。

该书介绍中国画基本技法,较为系统而浅显明了,便于初学者入门,故流传甚广。其后,又有书商将丁皋的《写真秘诀》,并采择了上官周的《晚笑堂画传》等画谱中的图像,又附录了《图章汇纂》等,合刻为第四集人物画谱。清光绪时,巢勋将上述四集重加临摹增编,石印发行。

◎康有为为什么要改革中国画？

在西方文明的映照之下，抱有富国强民之心的人们发现，延续了几千年并一直为之骄傲不已的中国政治制度、工艺文化等等都是有"缺陷"的，它严重地阻碍了中国的向前发展。维新派或改良者强烈地感觉到，当下中国所面临的三个主要问题：艺—政—教，都需要向西方文明学习。所以康有为（1858—1927）所领导的"百日维新"虽然失败，然而他所掀起的思想巨浪，却对中国的社会和文化产生了长期的和深远的影响。

康有为在1917年写了《万木草堂藏画目》一文，从文字学的角度指出，"画"的本质就是忠实于自然物象之描写，而中国绘画自六朝到唐宋界画，都没有背离"画"的本来意义，也与西方绘画的旨趣基本相同。但是自从以王维为代表的文人画兴起之后，中国画家就背离这一旨趣，不取形似，逸笔草草，终于导致了近世中国画风的草率与空虚，也与西方绘画大相径庭。康有为虽然对中国绘画史并非毫无所知，然而他的目的却是指向于无情的批判和揶揄，如："惟范山模水，梅兰竹菊，萧条之数笔，则大号曰名家，以此而与欧美画人竞，不有若持抬枪以与五十三升的大炮战乎？盖中国画学之衰，至今极矣！"固然，从战争的角度来说，前者无法胜过后者，然而从艺术的角度来说，问题并非如此简单。

康有为的意思是明白的，他要改良中国画，其途径则是向西方发达的写实画法学习，实行中西合璧——即以后的中国画，应以形神为主，而不取写意；应以着色界画为正法，补救数百年来独尊文人写意的局面，才能使中国绘画重新振作起来。

◎陈独秀为什么要进行"美术革命"？

作为一位政治家与思想家，陈独秀大力提倡以西方先进国家的科学、民主为基础而建立现代的中国文明，中国传统文化在他的眼中只是"反科学"与"反民主"的代表。

陈独秀并不关心美术问题，然而吕澂的一封信却提醒了他。

面对"五四"运动对文学、诗歌、戏剧等的改革，吕澂在写给《新青年》的一封信中提出了美术界应当存在的革命之举，并在信中罗列了当时画坛的种种弊端，并认为这种弊端达到了历史之最。吕澂的这封信引起了陈独秀的兴趣并不在当下的美术界如何，而是如何彻底摆脱属于必须全盘反掉的传统。所以他对吕澂的看法并没理会，而坚决认为中国画必须"革命"，首先革"王（即四王）画"的命——在这里，他认为"王画"就是中国传统绘画的全部代表——陈独秀的"美术革命"也有着极大的思想冲击力——康有为、陈独秀二人政治观虽然不同，然而拿西方美术的"写实"精神来衡量中国绘画问题，却是共同的：他们二人几乎同时宣布，自王维、苏轼而下的"学士派"之写意画传统，尽应打倒。虽然在他们的观点并未稳妥，然而在风起云涌的新文化运动中，却起到了振聋发聩的作用。

◎陈师曾为什么要为文人画进行辩护？

陈师曾处在一个新旧交替、东西方文化碰撞空前激烈的时代。正像我们在前面已经提到的，1917年，康有为发表了《万木草堂藏画目》；1918年，陈独秀发表了《美术革命》。康、陈二人的出发点虽然不同，然而向中国传统美术（尤其是文人画）发难，却是共同的——康有为是由政治之失败而导致了一种文化心理的倾斜，在认定中国文化已经远不能与今日的欧美日本竞胜的同时，也认为中国绘画无法与欧美日本竞胜；陈独秀则根据他一贯的"科学精神"，向没有科学精神的传统中国画开战，宣布倪（瓒）、黄（公望）一派为"中国恶画"。

正是在这样的背景之下，陈师曾为中国文人画张目的《文人画之价值》，就有了非同凡响的意义。这篇文章首先发表于1921年的《绘学杂志》第2期上，同年11月，又发表了《中国画是进步的》一文；1922年，他更将自己的文章和翻译日本美术史家大村西崖（1868—1927）的《文人画之复兴》合编为《中国文人画之研究》，由中华书局出版。如果我们还记得此时正是人们纷纷议论中国画衰颓之时，陈师曾一而再、再而三地阐扬中国文人画之价值，该有多么大的勇气和毅力！而他这样做，实非别出心裁或故与人异，而是建立在对中国绘画传统之价值做了理性的、深入的思考基础之上的。

面对以上诸人所指责的中国绘画之不讲求形似，陈师曾却别具慧眼地指出，文人画的真正标志，在于谨严的格局、精密的意匠、矜慎的下笔、幽微的立论和深醇的修养。所以陈师曾首先指出，绘画的本质与目的，乃是表现人的丰富的情感活动和表达人的精神情趣，而不是简单地、机械地再现无生命的客观物象。他说："殊不知画之为物，是性灵者也，思想者也，活动者也；非器械者也，非单纯者也。否则直如照相器千第一律，人云亦云，何贵乎人邪！何重于艺术邪！所贵乎艺术者，即在陶写性灵，发表个性与其感想，而文人又其个性优美、感想高尚者也。其平日之所修养，品格迥出于庸众之上，故其于艺术也，所发表抒写者，自能引人入胜，悠然起淡远幽微之思，而脱离一切尘垢之念。"应该说，从对艺术及其本质的认识程度来说，陈师曾显然超出了康有为、陈独秀以至徐悲鸿。

◎为什么说齐白石的出名离不开陈师曾？

　　齐白石（1863—1957），名璜，湖南湘潭人。他本是木工出身，善雕花，少年时被乡里人称作"艺术匠"。后来他经人介绍从湘潭名士王湘绮学习书画，并经常外出云游。1917年画家只身赴北京，同年与在京城早已名盛一时的画家陈师曾相识。陈师曾名衡恪，曾留学日本，他是晚清的江西诗人陈散原（三立）之子，在民国五六年间的北方画坛上几乎是无形中的领袖。许多名家无一不以与陈交友为荣，也无一不推重陈师曾。当时的北京名家荟萃，是中国艺术中心之一。齐白石通过陈师曾的引荐，很快可以在这强手鳞次栉比的艺苑中找到了立锥之地。但是北京是保守派的天下，齐白石木匠出身，笔下粗犷，不中绳墨，为保守派斥之为"野狐禅"。只有好友陈师曾到处为他延誉，而且鼓励他用大红大绿的设色独创风格。1922年经陈的鼓动，白石翁参加了中日联合绘画展，所作的花卉山水在海外引起瞩目，并瞬即抢购一空。消息很快传回燕京，从此齐白石的画名大振，许多人再不敢对其盱衡了。这真是墙里开花墙外红，倘若没有陈师曾的提携，不知那些日后的盛名何日才能落到这位花甲老人的头上呢。

　　1923年，陈师曾南下奔母丧，不幸身罹痢症，英年早逝。

白石翁怅惘之际，曾作有《对菊忆师曾》等悼诗，身后每每忆及好友，逢人总说："我如没有师曾的提携，我的画名，不会有今天。"

◎为什么说国画大师张大千对石涛之画已深入堂奥？

现代国画大师张大千（1899—1983）原名爰，又名季，四川内江人。早年曾致力于石涛、八大山人、青藤、白阳诸家的研究，继及宋元各家，博采众家之长，无论人物、山水、花鸟、虫鱼，或工或写，无不精擅。因此有人称他是中国传统绘画百科全书式的人物。

张大千一生大约经历了三个创作阶段，40岁以前是"以古人为师"；60岁以后是"以心为师"；而40～60岁其间则"以自然为师"。他早年以师石涛画迹深得堂奥，为画坛所瞩目。他的石涛临本因为几乎可以乱真，弄得北京、上海等地的画商一时间只要看到对其有疑的石涛画本，就自然想到了张大千身上。张大千26岁那年来到北京，当时大画家陈半丁已临习石涛作品30余年，自称不仅深得妙法而且还能辨伪。一次因为新增人一箱石涛画册，陈在家中大摆宴席邀请张氏在内的画家20余人前去观瞻。张恐怕画中有假，特意早到一步请求验明正身，不料反被主人述斥一番。待到主人在众宾客面前展画时，张眼疾口快，冲口说：

中华文化十万个为什么

"画是我造的。"弄得满堂皆惊，一时纷纷怀疑。于是张一面交待出每一册页的名目、款识与印文，一面让陈半丁悉数查点，弄得这位年长张氏20载的北京大画家大汗淋头，还跌破了眼镜。

◎为什么说李叔同是传播西画的第一个人？

李叔同（1880—1942），名岸，字息霜，号叔同，原籍浙江平湖，生于天津河东区。1905年，李叔同被官费派往日本，在东京上野美术专门学校学西洋画，曾受日本著名油画家黑田清辉的指教，画风受到印象派的影响。5年的学习使他的油画、水彩画和图案画的天赋显现出来。1910年他学成归国。虽然比著名油画家李铁夫晚出国近20年，但却比李铁夫早回国20年，成为我国传播西方美术的第一人。

李叔同回国后不仅自己搞创作，还通过美术教育来传播西洋美术。初时他曾任天津直隶模范工业学堂图画教员，辛亥革命后，浙江两级师范学校改组为浙江省立第一师范学校，聘请李叔同主授专修科图画和全校的音乐课。当时吴梦非、丰子恺、刘质平等都是他的得意门生。他还一度兼任南京高等师范学校导师。李叔同是第一个在美术院校中开设人体模特儿课的画家，只是他采用的是男性模特儿，不如后来的刘海粟先生影响那么大。另外，他在主办《太平洋报》画刊的时候，绘制过不少装饰图案，开了用图画装饰报纸版面的先河。虽然他的许多西画作品后经战火的洗劫大多缺失，但他对中国早期的美术教育和西方美术的传人之贡献已不可磨灭。所以丰子恺先生曾用三个"第一"的一段话这样评价他的师长："欧化东渐的时候，第一个出国去学习西洋绘画、西洋音乐和戏剧的，是李叔同先生。第一个把油画、钢琴和话剧介绍到中国来的是李叔同先生。"

◎为什么说郑午昌的《中国画学全史》是现代中国最具科学体系的第一部史论著作？

以现代艺术学研究的眼光来看，使中国绘画史从传统的研究方式走向现代的研究方式，当属郑午昌《中国画学全史》一书。

郑午昌（1894—1952），原名昶，别号弱龛、且以居士等，浙江嵊县人。历任中华书局美术部主任，上海美专、杭州国立艺专、苏州美专等校教授。郑氏写作《中国画学全史》，用了5年的时间。他将中国绘画之发展，划分为四大时期：一、以上古为实用时期；二、以三代至汉末为礼教时期；三、以魏晋至五代为宗教化时期；四、以宋至清末为文学化时期。每章又分概论、画迹、画家、画论四节。

从书后所附历代关于画学之著述来看，郑午昌对历代论画的著作是非常熟悉的。正因为其熟悉，所以能洞悉其间之利弊："综观群籍，别其体例，所言所录，或局于一地一时，或限于一人一事，或偏于一门一法，或汇登诸家姓名里居，而不顾其时代关系；或杂录各时之学说著作，而不详其宗派源流；名著虽多，要各有其局部之作用与价值。"因此，郑午昌的《中国画学全史》，就在于像他自己所说："欲求集众说、罗群言，冶融抟结，依时代之次序，遵艺术之进程，用科学方法，将其宗派源流之分合，与政教消长之关系，为有系统有组织的叙述之学术史"（上引语均见《自序》）。郑午昌对中国绘画史的研究，标志了中国绘画史的研究，已经走出了传统束缚，而向现代的、科学的绘画史研究进军了。

所以他的《中国画学全史》于1929年甫一问世，即得到读者的好评。宗白华《介绍两本关于中国画学的书并论中国的绘画》一文中这样赞美说："此书合画史、画论于一炉，叙述详明，条理周密，文笔畅达，理论与事实并重，诚是一本空前的著作。读者若细心阅过，必能对世界文化史上这一件大事——中国的绘画（与希腊的雕刻和德国的音乐鼎足而三的）——有相当的了解与认识。"

◎为什么说中国绘画对西方现代绘画的影响极大？

中国绘画重写意，不求形似，但求神似，往往为了艺术的真实，而舍弃生活的真实。而西方绘画重写实，讲究透视、解剖、光学等等科学原理，追求形象逼真。其实，艺术不等于科学。逼真的再现物象，并非绘画的最高目的。绘画是人的精神产物，人要自由地抒发自己的情感，摆脱一切客观束缚，从形似中解放出来，才能取得更大自由。19世纪以来，西方的一些画家开始发现西方绘画一味追求真实的片面性，它不能充分表现出画家的理想、感情与个性，以及客观事物的本质，他们是从中国山水画中发现了"散点透视"的艺术魅力，从笔墨飞涌的写意花鸟与彩墨浑融的云林山水中发现抒情……从而出现了19世纪的印象主义、20世纪开始的现代派冲破"形似"的束缚，出现了各种新画派，如野兽派、立体派、达达派、表现派、抽象派等，再不受透视、解剖、光学等禁锢，不再刻意模仿物象，而是追求个性解放，强调主观精神，向更加自由的方面发展。如今，西方艺术的巨大革新，正是借鉴于中国艺术的传统，所以说中国绘画对西方现代绘画的影响是很大的。

◎潘天寿为什么说中西绘画要拉开距离？

潘天寿（1897—1971）原名天授，字大颐，号阿寿等，他是现代著名的中国画家，有人也称他是传统国画大师行列中的最后一人。潘天寿擅长大写意的山水与花鸟画，尤在指墨画方面成就最突出。潘先生艺术实践的最可贵处是他具有大胆的创造精神，坚持"有常必有变"，和"忘却古人惟有我"的艺术主张。但他并非旨在一味地脱离传统以图创新，他常常强调中西绘画要拉开距离。表面上看他是在斥责那些片面崇信西方素描是一切艺术的造型基础，从而忽视传统的国画基本功教学的错误论调，其实这一立论的含义不仅于此，而是具有丰富与多项的目的。

潘天寿的目的其一是要告诫人们，中西绘画各有传统，各为体系，它们两者根本不能凭空捏合出第三种出路或法术。他说："我不赞成搞中国画的，接受了西洋的就变为搞西洋画的，也不主张搞西洋画的接受了中国的就变成中国画的，或中西拼凑，把自己的民族风格和特点埋没了。"他认为"一民族有一民族之文艺，有一民族之特点"，它们有各自的生活依据，所以徒然为创新去拼凑两种不相干的事物就会一事无成。他的目的其二，是要告诫人们既然存在着两种泾渭分明的传统，就应该确定自己的立足点。他说"中国画的基础练习应为白描、速写、慢写等"，并不反对中国画家学习西方素描，但说"学了西洋的，不能失掉中国画的特色，不中不西"。最后，他认为只有尊重中外艺术的内在民族性，才能各见利弊与长短，才能相互参照借鉴，才能有备无患地发展与创新。所以他告诫那些学西画的中国人，若"无点滴之自己特点为民族增光彩，是一洋奴隶"。潘先生一生视书画为一种"学术"，所以他能针对晚近画坛的盲目求新的时弊提出如此理智中肯的主张来，足见他作品中的革新处也非凭着一时的三分热血偶然得来。

◎为什么秦俑不是"千人一面"？为什么把它称为世界第八大奇迹？

1974年以来在陕西省西安附近的临潼秦始皇陵东侧1000多米处，发掘出3座规模宏大，陈列有序的兵马俑坑址。其中1号坑最大，据推测，共约有6000件作品，总共从葬俑马约8000件之多。人俑通高1.8～1.86米，陶马身高1.7米，身长2米左右。陶俑与马质地坚硬，约经过900℃高温焙烧而成，陶胎空实合宜，烧制火候适度，这样大型的陶塑并不见龟裂与变形，反映了2000年前中国制陶工艺的高超水平，在世界陶艺史上也属罕见。

秦俑采用众多直立静止体的重复布局，造成排山倒海的气势，面向东方，它们是秦代禁卫军的真实写照，再现了"秦王扫六合"的气度，堪称是中国雕塑史上划时代的杰作，又被誉为是"世界第八大奇迹"，与古希腊的巴特农神殿的大型雕塑综合体有着在世界文明史上等同的伟大历史意义。秦俑虽是大制作，但人物形象并不粗制滥造，秦俑虽有上千件之多，但并不是"千人一面"，这主要是因为艺术家按地方特色，在俑的面部特征上把它们分成关中、巴蜀和西域少数民族等几种类型。在制作方面，采用模制和手塑并用的技术，先用模具作出几类身坯，再用至少几十种模具作出大量不同的头坯，然后分别对泥坯细部做捏塑处理，塑成性格、年龄和表情各异的头形，并参照地域人种的特征加以表现，使人物面部绝无雷同之处。最后装贴上发髻、帽子或胡须，达到既有变化，又整体统一的艺术佳境。

◎为什么汉代的雕塑家塑造了一系列滑稽逗人的说唱俑？

现今收藏在成都市博物馆的几件汉代说唱俑，是古代明器雕塑中的经典之作，其造型的夸张和洗炼概括的形体语言显示了汉代雕塑的独特艺术成就，其人物的传神形象也反映出当时的塑造技艺已远远超越了绘画领域的一般水平。其中，于1957

年发现于成都天回镇东汉崖墓的《说唱俑》是目前最为人们熟悉和喜爱的一件代表作。那"手之舞之，足之蹈之"的诙谐形象令人过目难忘。

说唱俑又名俳优俑，俳优是古代一种诙谐滑稽的表演艺术。在汉代，善于说笑的表演者常常以形象矮胖丑陋的侏儒来充任，这与四川汉俳优俑的雕造形态是相吻合的。在汉墓中多次出土有这类俑像。当时盛行蓄养俳优之风。秦始皇统一天下后，修离宫数百所，倡优成千；汉武帝时"俳优侏儒之笑，不乏于前"。像文学家枚乘之子枚皋，虽非俳优，但因其"诙笑类俳倡，为赋颂，好嫚戏"，因而被汉武帝当做俳优蓄养起来。这也说明俳优是以戏笑为特征的，恐怕和如今民间的说书艺人或相声演员从事的行业有着千丝万缕的渊源。除了宫廷之外，当时贵戚地主官吏的蓄养俳优之风也非常流行，四川多地主豪吏的墓葬，这就为该地区能产生上面提到的精美绝伦的俳优作品创造了适宜的历史条件。

说唱俑

◎为什么中国石窟多由历代帝王倡导开凿?

在印度佛教东传的进程中,它还未曾遇到过一个旗鼓相当的文明对手,直到它进入中国,反被中国的传统思想征服了。中国的佛教始终未能冲破起支配地位的至高无上的君权束缚,天子的威仪不容佛祖去颠破,只好任教权去服从世俗的权力并且与之密切包容,这是佛教的世俗化和石窟遗迹具有君权色彩的根本原因。

以大同的云冈石窟为例,它之所以开凿于武州山山麓,是因为自北魏明元帝伊始,此山已被视为为国祈福的圣山了。而至孝文帝和平初年昙曜五窟的开凿,更与皇室的政治策略有紧密的关联。自北魏的佛教首领法果率先开启了帝王"即是当今如来"的风尚,文成帝在即位元年下诏:"有司为石像,令如帝身。既成,颜上足下,各有黑石,冥同帝体上下黑子。"所以第13窟的交脚弥勒像,脚上嵌有黑石,是帝王的化身,其后的昙曜五窟为太祖以下的五帝各开窟一所,雕造佛像均呈帝相,如16窟主佛乃为文成帝。这种政教合一的方针有强烈的现世目的,北方的开窟热潮在如此风尚的伴随下形成了推波助澜的宏大景观。北魏的孝文帝迁都洛阳后,宣武帝即于景明初年

（500年）为祭悼先祖于龙门石窟开凿出宾阳三洞。号称"正教东流七百余载，佛龛功德唯此为最"的龙门奉先寺大佛龛，为唐高宗及武后开凿，武则天更不惜"助脂粉钱二万贯"以便为她建立武周政权大肆制造舆论，并令雕刻师以自己的形象造卢舍那大佛一尊，以证其君权天授。一代雕刻精华的沉浮就这样与政治风云的变幻紧密地联系起来。

◎为什么说中国现存规模最大、史期跨度最长及艺术价值最显著的古代石窟是敦煌莫高窟？

敦煌的莫高窟开凿于公元366年，由乐僔和尚主持开凿于鸣沙山东麓的断崖之上，现存窟龛492个，其中保存着2415尊佛塑像和45000平方米的壁画，从东晋十六国开始，它历经10个朝代，前后开凿的石窟群南北逶迤2公里长，如果把全部壁画排列起来，可达25公里，名列我国石窟壁画的榜首，成为我国规模最大的一处石窟遗址，举世瞩目，并于1987年被联合国教科文组织列入"世界文化遗产"。

敦煌乃是唐代丝绸之路的要冲，是大规模文化交流、宗教交流和物资交流的集散地，其语意为"辉煌盛大"的意思。古代的商旅和探险家经过此中原大陆边缘上最后的一片绿洲，由吐鲁番或且末两条路线绕过号称"死亡之海"的塔克拉玛干沙漠，于沙漠远端的喀什（敦煌以西1600公里处）再度汇合，经过长达7500公里的行程，穿过中亚、阿拉伯半岛，最终抵达大秦，即今日的罗马，把中国的丝绸、陶瓷、纸和火药带到西方，使当时还身披麻袍的大秦帝王大变了模样。同时又从西方引入香料、果酒以及玻璃等商品，把大秦和长安紧紧地连在一条纽带上。

之所以敦煌的莫高窟能成为历史上规模最大的佛教石窟胜迹，就是因为历经十余世纪，行僧与商旅要在此绿洲歇息，补足从祁连山冰川系统获取的水源，开办佛事，供奉神灵，或希图上天保佑其翻越死亡之海的沙漠，或庆贺他们已经过沙漠仍侥幸生还的吉运。在此中外交通枢纽点、各民族交互生存的栖居地，佛教胜迹成了当时印度佛教东传、中西贸易交流与汉族西域政治经济往来的最精辟的历史证据。

◎为什么敦煌石窟从元代以后走入创作的颓势？

敦煌莫高窟步入元代以后，其艺术创作趋向颓弱之势的原因是多方面的。首要的原因是基于盛唐以后石窟重心南移至江南与四川的事实。加上中国佛教内部教派的分化，使原来重视造像的佛教转而集中致力于宗教仪式与活动，石窟崇拜逐渐被寺院崇拜所取代，从而导致了石窟艺术的末势。同时由于晚唐武宗和后周世宗的两度废佛事件，再加之"安史之乱"，从此使整个北方的石窟艺术多有损毁，且一蹶不振了。元初的社会，由于统治者的扶持，各地的道教势力大为抬头，许多佛教窟寺因此都有道释合一的迹象；原因其二是唐末以后，由于西域版图逐渐逃逸出中原的势力范围，经过新疆一路的丝路干线从此一度中断下来，敦煌要冲的优越地位也由是一落千丈了；原因之三是由于环境的日益恶化，沙漠的侵扰，加上祁连山麓冰川的枯竭，使敦煌丢失了丰富的水利资源，作为沙漠中的孤舟，敦煌从此终于在世人的心目中退入淡漠的角隅。综上所述，敦煌石窟的开凿与艺术活动最终在元代以后步入了颓废的局势，虽在明清之际偶有修复与添补，但它的规模与声望总归是与前世莫可匹及的。

◎为什么说麦积山石窟是东方最大的彩塑艺术馆？

　　麦积山石窟位于甘肃省天水市东南45公里处的麦积山，洞窟开凿于距地面高达60~70米的断崖上，最早开凿于十六国后秦时代，约公元384~417年。现存窟龛194个，保存泥塑造像约7000多身，是中国四大石窟中泥塑造像最突出的石窟，故有东方最大的"塑像馆"之称。

　　麦积山早期的佛像多取一佛二菩萨二弟子式的对称布局，

麦积山男侍童

造像形体修长，面目清秀，构成北魏特有的秀骨清像之风。西魏时期的塑像组合中出现了童男童女的形象，造像的形体趋于丰圆，极富生活情趣，其代表作如123窟的双童塑像，是其他任何一处石窟的同类题材作品所不可企及的。北周以后，麦积山的壁画采用绘塑合一的手法，增加了形象的立体感，出现了难得一见的塑壁精品。隋唐以后的作品多为重塑或改塑而成，趋向末势。到了宋代，也不乏雕塑的经典作品出现。

麦积山的佛教艺术深受敦煌的影响，是后者向内陆影射关连的具体处所。但由于敦煌处于沙砾岩地带，不宜雕刻石材，所以工匠们无奈只好把大部分精力花在绘制壁画的工作上。而麦积山地处甘南，土质富有粘性，正适合作泥塑佛像，因此艺术家们因地制宜，终于使那里形成为中国佛像最大的彩塑资料馆。虽然石窟历经战乱和地震的危害，至今那些不胜枚举的泥塑杰作的表层仍留有千年前能工巧匠的指印及塑痕，泥像历久弥新，富有光泽，充分显示出古代艺术家卓绝不凡的艺术造诣。

◎为什么把克孜尔石窟叫做"戈壁明珠"？为什么又称它是中国的第一座千佛洞？

佛教是外来的宗教，它经丝绸古路传入中国的第一站就是新疆拜城的克孜尔石窟。石窟位于拜城县克孜尔镇东南10公里处，距库车县70公里，而库车乃是纪元前亚利安人建古龟兹国的所在，因此这座位于丝路要冲和古龟兹国领地上的现今新疆最大的一处佛教遗迹成了龟兹佛教艺术的典型代表。克孜尔石窟开凿在木扎特河谷北岸的崖壁之上，前临戈壁滩，日出夕照之时，景色十分壮观。"克孜尔"是维吾尔语红色的意思，它今天又被史学家们称作"戈壁上的明珠"。

克孜尔石窟始凿于3世纪末4世纪初。现有编号的洞窟236个，壁画面积达1万平方米。因其规模宏大、开凿期早和艺术风格对甘肃的敦煌莫高窟影响重大，所以历来被认为是中国的第一座千佛洞，只是由于人为的破坏十分严重，地理位置更加偏远，才不被众人所熟知。

克孜尔石窟早期的壁画盛行小乘佛教的题材，至7世纪已达到龟兹风的极盛期。洞窟数量增多，规模宏大，壁画主要集中于中心柱窟，这时期本生题材的锐减和新题材中千佛形象的扩展，说明大乘佛教已进入龟兹地区。此时的艺术风格有极鲜明的民族与地区特色，如典型的菱形画格；富于装饰风的大色块对比；人物圆脸、小眼，五官聚中等诸多特征。其中北朝的代表窟如编为38号的"音乐家窟"，其壁画纪录了"龟兹乐"的历史概貌。而第17窟则是现存壁画最完好的一窟，素有"故事画之冠"的美称。其壁画的艺术风格包含了维吾尔、犍陀罗、汉族三种文化成分，设色取凹凸法，有龟兹画风的纯正面貌。

◎为什么说"唐三彩"是中国古代陶艺史上的一朵奇葩？

唐三彩是唐代铅釉陶质生活用品和捏塑艺术作品的总称，是在高度发展的陶艺基础上集合绘画与雕塑艺术于一体的综合艺术形式。釉以黄、绿、白，或兼有蓝、赭为主。所以人称"三彩"，乃取其缤纷多彩之意。三彩主要分布于秦川大地，其色彩变幻无穷，明亮光润。在制作方法上系采用矿土沉淀、捏练、陈腐、成型、修饰、晾干、上釉、焙烧等多道工序，从而保证了三彩器皿更加坚固耐久，釉层不易剥离。

唐三彩的釉色是利用矿物所含金属氧化物的溶解呈色特征在高温下烧制而成的。烧制步骤分为坯体加温1100℃与施彩后再加温900℃两个过程。它是在汉魏六朝单色釉陶的基础上发展起来的多彩釉陶。它最早发现于洛阳，唐时盛行厚葬，出自洛阳地区唐墓或文化遗址中的三彩大致包括人物、动物、生活用具等几大类。尤以仕女、驼马俑最精彩。

唐三彩设色透亮淋漓，造型上承袭了汉代雕塑的特征，其仕女俑可与张萱、周昉的绮罗人物画相媲美，其鞍马驼俑是陵墓石刻之外又一批精彩的艺术杰作。其明器部分如镇墓兽，则煌煌大度，蔚然壮观，显示了唐代艺术的博大精深，其影响远及奈良、新罗以及伊斯兰等地。

◎为什么说乐山大佛是世界上最大的一尊人工佛像？

乐山大佛开凿于唐代，先由僧人海通主持，后由剑南川西节度使韦皋于贞元十九年（803）完成，工程历时90年，前后经过了四代皇朝，待到大佛建成，当年曾为修筑之役化缘20载的凌云寺海通和尚早已赍志而殁了。

乐山大佛位于四川省乐山市东凌云山西壁，岷江、青衣山、大渡河的三江汇合处，它头彼山肩，足踏大江，高达71米，肩宽28米。大佛从头顶至足底为58.7米，脚低的莲花座已毁弃。佛头高11.7米，脸宽7.8米，鼻长3.5米，眼长3.3米，耳长6.43米。它的一个脚趾头比人还要高，脚背上足足可围坐100多人。有一次为了修复一只略有缺损的手指头，竟用去了5000块砖头。大佛乃一尊弥勒坐像，气势宏伟，人称"山是一尊佛，佛是一座山"。它是我国最大的一尊摩崖石刻佛像，也是目前世界上最大的佛像雕刻。它的通高比同为唐代制作的我国现存最高的一尊泥塑佛像——敦煌96窟"北大像"高出38米，比甘肃武山县拉梢寺的北周大佛又高出整整11米，比当今看来雕造手法最高超的洛阳龙门石窟的卢舍那大佛要高出近四倍的尺度，就是比建于1993年的香港大屿山"天坛大佛"青铜像也足足高出了37米，可见它理应有世界上最大的一尊人工佛像这一殊荣。

只可惜这尊世界第一的大佛于本世纪初的军阀混战年代，不幸被炮火打掉了鼻子，从而致使我们祖先留下的光辉遗产终于有了无法弥补的缺失，这应该是我们后人痛惜与值得警醒的一件事。

◎为什么将晋城玉皇庙道教二十八宿群像称为"元代泥雕之冠"？

山西晋城二十八宿群像是元代道教造像中最为生动的泥塑群像。它们继承了宋代造像形神兼工的传统，同时摄取当地人各种类型的现实典型并加以融汇提炼，具有强烈的晋东南地方人物特征。二十八宿像取男、女、鬼等像。男女的年龄、表情、姿态均无重复者，有和蔼可亲的老人，有峨冠博带、胸怀谋略的文臣官吏，有帷帽长袍、气宇轩昂的文人处士，有身披铠甲、气概威武的猛将武夫，有怒发冲立、袒胸裸背的赤胆厉鬼以及珠冠霞帔、玉肤冰肌的贵妇等若干艺术形象。二十八宿像的表情各异，或喜笑颜开、谈笑风生，或怒目裂眦、浩气冲天，性格鲜明，惟妙惟肖，姿势静中有动，动中寓静。这例泥塑足以说明：晋东南以至整个山右地区的元代雕塑艺术水平是很高的，它在宋、金雕塑艺术传统基础上，创造了独树一帜的上党泥塑艺术，与大都梵像、道教雕塑艺术遥相辉映，光照艺坛。

◎为什么说元明清时期的建筑装饰雕塑在中国雕塑史上有特殊的意义？

　　建筑装饰雕塑是指附丽于建筑上的各种雕塑。它不是独立的雕塑艺术品，而是有着装饰功能和一定审美价值以及较强工艺性的建筑附件。元明清三代建筑装饰较唐宋更为发达，宫殿、庙宇、祠堂、府第、民居、牌坊、桥梁等建筑都施加雕刻装饰。它们在艺术上追求蕴藉含蓄，技术上讲究精工细刻，在唐宋形神兼备的艺术基础上，其绘画性、工艺性、装饰性逐渐增强。进而影响了中国近代建筑装饰的风格和样式，所以其历史意义是深远的。这一时期除了帝王宫殿、苑囿、山庄、行宫等建筑饰件配套系统的日益完善外；另一个突出特点是民间建筑突破了朝廷的规定和限制，有了重大发展。北方地区以山西民间建筑雕塑为代表；南方按材质及风格划分为皖浙赣、杭宁、浙闽、福州、闽南、珠江三角洲等六个民间建筑工艺雕刻区。其中徽州"三雕"（砖、木、石三种雕刻），东阳木雕，青田石刻、寿山石刻等都是闻名遐迩的建筑雕塑。

◎为什么说永乐宫壁画是 14 世纪中国道观壁画的经典之作？

山西芮城永乐宫始建于1262年，分三清、纯阳、重阳三大殿，是为纪念道教吕洞宾所建的道观宫殿。三殿以三清殿规模最大，是永乐宫的主殿。其中所绘的《朝元图》极为宏伟壮观，有八个主像作主体，皆作冕帝王装，每一主像两旁配以各种神祇如仙曹、玉女、香官、使者和力士等等，人物配置上下多达三四层排列。画群仙共计280余人，取静态状，表现了朝谒元始天尊的众神队列，气势磅礴，造型饱满，面貌各异。主要人物的塑造也极个性化。

永乐宫壁画采用流畅长垂的铁线描布置衣纹，设色除重彩勾填外，有的采用堆金沥粉的方法，使线色各尽其妙。从源流方面看，它明显汲取了五代道释画家武宗元的吴装格式画（《朝元仙杖图》）的画法，衣纹用笔结合唐之细密与宋之顿挫，最后归人圆浑深沉的笔致，且以墨线为骨，发展了线的多种表现形式。设色也清雅简当，如钟离子衣着石绿，吕嵓

（yán）装染淡黄，极好地突出了人物的身份与性格。另外，永乐宫中的壁画上面还存在当时著名的民间画工的题名。

总之，永乐宫壁画是我国古代壁画水平推至高峰期的实际范例，也是东方14世纪道教绘画的瑰宝，它显示了中国绘画民间力量的丰厚与博大，为后世学艺者的楷模。

◎中国民间版画为什么绘有神荼、郁垒？

木版年画是中国民间版画的主要画类。而门画，亦称门神，又是年画的一种特有形式。门神起源很早，在《山海经》神话中说，茫茫大海之中矗立着度朔山，山里的鬼门上有两个神人，就是神荼、郁垒。传说他们会用"苇索"捉拿恶鬼，再用"桃弓"射杀后喂虎。开始人们把神荼、郁垒像和大老虎画在大小门上，以后发展到每逢旧时农历新年在两扇门上，贴上一对木版印制的神荼、郁垒像，用以祈求平安吉祥。唐代改为秦琼（字叔宝）、尉迟恭（字敬德）。据传唐太宗有病，秦琼、敬德自愿镇守宫门，以防邪魔扰乱。太宗为免其监护之苦，叫人把他们的肖像画在门上来代替，从此民间仿效起来，门神也由神仙换成了人间的武士。在民间家喻户晓。影响最大的门神是秦琼、敬德，而最早的门神是神荼、郁垒，他们的形象或名字始终保留在民间版画之中。

◎为什么说彩陶是人类美的意识的最早表现?

　　早在人类的童年,即旧石器时代,我们的祖先已经知道"被发纹身"、佩戴"项链"了,许多装饰品还用赤铁矿研磨的红色粉末涂染过。但是,这种美看上去还十分幼稚,况且它本身所包含的神秘的、巫术的内容可能更多一些。直到新石器时代,进入农业生产的定居生活,安居乐业后的审美要求也随之强烈起来,人们对形式美的需求进一步加强了。而足以代表我们先民审美能力、灵巧制作能力的便是这一时期的彩陶文化。

　　陶器的出现,是人类利用火的威力改变事物的化学性质的第一次创举,也是人类美的意识的最早表现。

　　恩格斯在《家庭、私有制和国家的起源》中指出:"陶器的制造都是由于在编制的或木制的容器上涂一层粘土使之能够耐火而产生的。在这样做时,人们不久便发现,成形的粘土不要内部的容器也可以用于这个目的。"有的专家认为,也许是"一场天火之后,原来的泥制品突然意外地变得坚硬起来,从而启发了人类开始制陶。"(邓福星《艺术前的艺术》)出于实用目的的陶器,在使用过程中其造型、装饰、色彩变得越来越完美。

分布于黄河中上游地区的彩陶主要有中原地区的仰韶彩陶和甘肃、宁夏、青海地区的甘肃彩陶。依据其各自的特点，仰韶彩陶又划分为半坡型、庙底沟型；甘肃彩陶划分为马家窑型、半山型、马厂型。著名的《人面鱼纹盆》便是半坡型的作品，其中的鱼纹、人面鱼纹正是这一类型彩陶最有特色的主要纹样。《舞蹈纹盆》则是马家窑型的代表作品，其中优美的人物造型至今令人观之依然浮想联翩。

◎为什么黑陶又称为蛋壳陶？

新石器时代晚期，当黄河中上游地区的彩陶逐渐衰落时，黄河下游和东部沿海地区又兴起另一种文化，它以黑色的陶器为特征，所以称为"黑陶文化"。因其最早发现于山东的历城龙山镇，所以又称"龙山文化"。

黑陶的制作工艺较彩陶已有很大进步，最突出的一点就是陶轮的使用，并且这种陶轮可能已经是具有驱动装置的快轮了。由于陶轮的使用，黑陶的成型便比彩陶的手工捏塑、泥条盘筑、模制法要规整、快捷，并且可以在陶轮的旋转中将器壁修整的薄而且光，加上黑陶的烧制工艺，从而形成了黑陶的特点：黑如漆、薄如纸、硬如瓷、光如镜。

黑陶工艺中最具代表性的是一种精致的高柄杯。它的造型结构是由四部分组成：大盘口、杯部、器柄、底座，其中大盘口为主要特征，也是整个杯体最薄的部分，约0.3—0.5毫米，其他部分约1—2毫米，蛋壳陶便由此而得名。因此蛋壳陶指的仅是这一种造型的陶杯，其他的黑陶虽然具有薄的特征，并不都称为蛋壳陶。从考古发掘中其摆放的位置来看，蛋壳陶可能是作为原始社会末期出现的氏族贵族所使用的礼器。

蛋壳陶虽然精美，但它过于薄的器壁也违背了陶土的性能、过分光泽也妨碍了附件的牢实难以负重、划纹方法不易掌握，加之此时铜器已经出现，因此，这一精美的黑陶如昙花一现，便被继起的青铜工艺所代替了。

◎为什么半坡出土有尖底瓶？

尖底瓶在仰韶文化的半坡遗址中屡见不鲜，也是半坡艺术家的首创，从中体现出原始先民的丰富智慧和高超的造型艺术能力。

如前所述，半坡遗址中曾出土有大量的捕鱼器具，可证明出渔猎生产在半坡先民生活中的重要地位。正是由于临泽而居，为了适应从坡地向低洼处汲水的需要，半坡的陶艺家首创出这一造型简捷流畅、取水方便快捷的汲水用具，并被日后的马家窑等彩陶文化所广泛采用。

尖底瓶汲水时，因瓶体两侧附有两耳，可用极长的绳子系住瓶子以便抛进更低更远处的水域，当瓶贴近水面，瓶体因呈流线形而自动侧卧，以便于注水，待水满后瓶体因重力竖起，由此可瞬即提收水瓶，顺利轻松地完成了汲水的劳作。半坡的尖底瓶正是由于特殊的自然环境的制约才设计成如此特异的形态，在众多彩陶类型的瓶具中可谓标新立异，大胆出新，其仿生原理的设计规则在古代工艺造型领域中成了史无前例的最佳典范，值得我们今天的艺术家去重视与学习。

◎为什么将红山文化出土的玉龙称为"中华第一龙"？

1971年春，内蒙古翁牛特旗三星他拉村社员在村北山岗造林时，从地表五六十厘米深处挖出一件大型龙形玉器，它是以一大块墨绿色玉琢磨而成，高26厘米，身躯蜷曲呈"C"字形。梭形大眼，吻部前伸，前端平齐，有两个程钻痕迹表示鼻孔，额上及颌下有方格网纹，颈脊部有鬣，背部有一小孔。经专家考证，确定为红山文化遗物，其距今年代在5000年以上，这是迄今所知年代最早的玉龙，被誉为"中华第一龙"。在此之前，一直认为商代才开始出现玉龙，而一些传世的红山文化玉龙也被当做商周时期遗物，这件出土的玉龙成为传世红山文化玉龙的标准器。因此，三星他拉红山文化玉龙的发现具有非常重大的意义，不仅为龙的起源和玉龙的年代确定提供了考古学依据，而且由于龙是中华民族传统文化的重要载体，由此而引发了学术界关于中国文明起源问题的广泛探讨。

◎为什么说商周青铜器是继彩陶之后又一辉煌的工艺美术创作？

商周的手工艺相对而言已十分发达了，分工也十分的细致。青铜工艺作为金工的一种，在当时获得了极高的成就，成为继彩陶之后，又一辉煌的工艺美术创作。

所谓青铜，是天然红铜加入一定比例的锡和铅组成的合金。加锡和铅的目的是为了降低铜的熔点，加强铜液的流动性，减少气孔，增强铜的硬度、花纹的清晰度、光泽度。因为天然铜加入锡铅后，颜色灰青故名青铜。

中国目前发现的最早的青铜器为新石器时代晚期出土于甘肃的一件锡青铜刀片，稍晚又有一面青铜镜出土于青海，它的铸造已使用了内范技术。

商周900多年的时间是青铜工艺从成熟到鼎盛的时期。器物的造型继承了陶器的部分形式，种类繁多，可分为：烹饪器、食器、酒器、水器、乐器、兵器、杂器等。纹样以对称的兽面纹（或称饕餮纹）、凤鸟纹为主，又因为陶范的使用形成了特有的扉棱装饰，精工瑰丽。铸造工艺以陶范法为主，有浑铸法（即一次浇铸成型）、分铸法、铸接法，复杂的器物有上百块陶范组成。这个时期还出现了"焚失法"，即使用可消失的材料，制外范之后烧去，此法为后来的失蜡法奠定了基础。

举世闻名的司母戊大方鼎为商代后期王室祭器，它是目前所见世界上最大的一个鼎，高133厘米、重达875公斤，长方形、柱足，腹部为饕餮纹；双耳为两虎食人纹；足为兽面纹，腹内壁铸铭文"司母戊"。

辉煌的青铜工艺在商周时期，主要用作祭器、礼器，是为当时的宗教、政治服务的，它体现了严格的封建等级制度。

◎为什么说青铜器不是纯粹的艺术品，而是一种礼器？

青铜器始见于夏的二里头文化，至三代大约形成过两次高峰，直到两汉时还有用青铜铸造的大量铜镜出现，但三代的青铜器却基本是用作祭祀的礼器，歌颂野蛮的战争，敬重炫示武力，祭祖先事鬼神，成了一个含义丰富的权利载体。

《左传》里记载："昔夏之方有德也，远方图物，贡金九牧，铸鼎象物。"可见青铜器乃集权的象征物。《墨子》中也记有九鼎的神话，认为天子需有九鼎八簋（guǐ），以下卿大夫至士的阶层要用鼎簋等青铜器的型制数量划分出明确的社会等级，这是青铜器的社会属性。另外，这些鼎簋显示出天子的武威，是青铜器政治的属性。而青铜器的饕餮（tāo tiè）纹又呈示出它诡秘的祭祀色彩。三代的铜器又称礼器、钟鼎器或彝器。所以称为礼器，正是因为它显示了三代奴隶制社会上至天子下至奴隶庶民的社会等级之分，所谓"名位不同，礼亦异数"也。卑者不可逾越，故称鼎簋之类的青铜器为"礼器"。礼本作"禮"字，解其形义，左边"示"字如同流血的祭案，右部"曲"字乃盛放的粮食，"豆"乃青铜食器，故而合起来可见礼字的祭天祭祖含义。是祭祀仪式最形象的说明，又是青铜器的本来目的。所以礼器的含义不单指等级属性，还有更广泛的意义。

◎为什么先秦的青铜器经常装饰以饕餮纹？

抛开先秦青铜器的型制不谈，最普遍的青铜器纹饰是饕餮（tāo tiè）纹，它不仅反映了三代时绘画、雕塑与图案装饰的一般特征，而且也显示出彝器复杂且深厚的政权属性。这种诡秘与狞厉的神怪形纹样始兴于商前至商中期，到春秋初期彝器发展的"开放期"为止，一直是青铜器上常盛不衰的主体纹饰。只是到了东周末期，它才丧失权威属性，缩小而降低为鼎簋器具的足部纹饰，使青铜器走入生活化、现实化的式微格局。

所谓饕餮，乃集牛、羊、虎、鹿多种形象为一体而想象出来的一种怪兽。《吕氏春秋》的《先识览》给予大致的解释说："周鼎著饕餮，有首无身，食人未咽，害及己身，以言报更也。"可见这是贪财贪食者的化身。饕餮纹的产生可以溯至史前的仰韶文化时期，河南濮阳的龙、虎、鹿三以至后来玉琮上的装饰，已具备其母题的形态。滥觞期的饕餮纹目较明显，身体为对称的几何图案，勃古期后的纹饰开始出现层叠装饰，因此形象也不像早期的那么概念和单一。现在认为它们的出现与商周的祭祀活动有直接联系，所谓饕餮乃食人未咽的怪兽，这是超自然的神力与主宰王权的巫觋相化一的载体，因此又被称作"人兽母题"。因为周人祭祀仍用牛，有人又把这带有牛角的怪兽称作宗教礼仪支配下的"巫术的圣牛"。不管怎么说，饕餮纹的出现无疑为三代的青铜器增添了浓郁的政治和宗教色彩，使青铜器的礼器特征更加明显了。

◎为什么说中国冠服制度在周代真正确立？

冠服制度在商代以后开始建立，至周代而完善。服饰由实用走向含义更加深远的文化内容，具有了政治、宗教、礼仪和审美的意义，并体现着严格的等级尊卑。据《周礼》载，当时人们将礼划分为吉礼、凶礼、军礼、宾礼、嘉礼五等，合称"五礼"，服饰都要与这五礼相适应。商周时国王不叫皇帝而称天子，为代天行事的人间最高统帅，因此这一冠服制度便是以天子的礼服展开的，而在天子的礼服中，又以举行祭礼时穿着的冕服为中心，所谓"服不过祭，居不过庙"（《礼记》）。《周礼》记载，周朝专设"司服"、"内司服"一职，掌管服制的实施，安排帝王、王后的穿着。

周代帝王的礼服有6种冕服，按典礼的轻重，穿插不同格式的冕服；与之相配衬，王后也有6种规格的礼服。国王的6种冕服分别是：大裘冕（祀天的礼服）、衮冕（吉服）、鷩冕（祭先公与飨射的礼服）、毳冕（祀山川的礼服）、希冕（祭社稷先王的礼服）、元冕（祀四方百物的礼服），与冕服相配的还须有冕冠、大带、革带、韦、佩绶、赤舄（红色的双底鞋）等。王后的6种服装是：袆衣、揄狄、阙狄（以上三种衣服为随国王参加不同祭祀仪式的礼服）鞠衣（亲蚕之礼服）、展衣（宴见宾客之服）、褖衣（日常便服）。另外国王衣服上的纹饰也是王权的一种标志，它的政治意义远远大于审美含义。最重要的纹样有"十二章纹"，即日、月、星、山、龙、华虫、火、宗彝、藻、米、黼、黻。

冠服制度自周代确立以后，一直延续至宋明。

◎为什么说春秋战国时期是青铜工艺最后的回光返照?

春秋战国时期,传统的礼教被动摇了,它既是一个礼乐崩坏时期,也是新文化、新思想发展繁荣时期,文化个性得到张扬,一改商周青铜器风格单一的狰狞美为风格各异活泼轻盈的优美。青铜工艺原有的统一格调逐渐消失,地方特色、标新立异的作品大量涌现。虽然铁器在当时已经普遍使用,但是铁器并没有立即在各个方面取代铜器,反而促进了青铜制造业空前地发展起来,青铜器日用化成了一种新的风尚。日用器、农具、货币、兵器等都在消费着巨量的铜。铁这种新兴的金属,在人们还没有意识到它强大的生命力与远大前程的时候,具有悠久历史与非凡成就的青铜工艺,在新的历史条件下,回光返照,发出最后的光辉。

春秋战国时期青铜器的发展,首先是铸造工艺的进步。商周时期的分铸法进一步提高;焊接法普遍应用;失蜡法在此前的"焚失法"基础上成熟起来。器物的种类变商周的礼乐器为主为日用器为主,新出现的种类有:敦、带盖鼎、舟、缶、编镈、编镈于以及铜镜、带钩等。器物的纹样最能反映时代特色,由于学术争鸣、商业发达,春秋战国时代神秘、诡怪题材大减，轻快的现实生活题材大增，如战争、采桑、狩猎、饮宴。加之铸造技术的进步，复杂细密的四方连续出现并流行开来。细工装饰技法有模印、线刻、镶嵌以及华贵的金银错和鎏金。

◎为什么铜剑以吴越地区制作的最为精美？

兵器制造在商周时期不是主要的内容，但是到了春秋战国时期，青铜器中兵器生产便成为大宗，其中铜剑作为新兴的武器在新的战势中发挥了极大的作用。

剑在西周时就有了，但当时战争多发生在北方，而北方又以车战为主，短小的剑不利拼杀，因而没有得以发展。春秋时期，争战南移，吴越之地，河网纵横、林莽丛生，只能以舟师和步兵实施水上、陆上作战。步兵作战不同于车战可以远攻，步兵作战主要为近距离格斗，这样短兵器就显示了威力。剑锋利而短小，又便于随身携带，既可防射又可装饰，故而剑成为吴越人不可缺少的随身武器。

从地理上看，吴越之地有着得天独厚的自然资源。《周礼·考工记》说："吴、越之金锡，此材之美者，"一向盛产金锡的江南为铸造上乘铜剑提供了优秀的材料，从而也造就了一批杰出的铸剑名匠和一些削铁如泥的稀世宝剑，铸剑也被当作一项神圣的事业。如欧冶子、干将、莫邪（干将、莫邪是一对夫妇）等都是当时著名的冶铸家，民间流传着许多他们铸造宝剑的故事。传说欧冶子以雨师、雷公、蛟龙、天帝、太一、天精等诸天的精神造出五剑，它们分别是：湛卢、纯钩、胜邪、鱼肠、巨阙。干将夫妇则"剪发断爪"三年为吴王造出了锋利异常的"雌雄剑"，雄称"干将"；雌称"莫邪"。

目前考古发掘已发现了十几柄春秋战国时期吴越所产的宝剑，如越王勾践剑、吴王剑、夫差剑等，它们至今依然是寒光凛凛无比锋利。

◎为什么说楚国的青铜工艺代表了先秦金属工艺的高峰?

春秋战国时期是楚文化最为辉煌之时，其浪漫、神奇的风格与中原理性、深沉的文化形成华夏文明的两大脉系。构成楚文化的有6个要素，其中第一要素即是青铜冶铸工艺。

春秋末期，越灭吴，战国中期，楚灭越，从此，吴越优秀的冶铸技术为楚所占有，加之从当时的产铜量来说楚国为最，所以，可以说至迟在春秋中晚期之际，楚国的铜器生产已超过华夏和吴越而居列国之首。

从铸造技术来看，新兴的"失蜡法"为楚人创造。金属装饰细工工艺的鎏金可能也是楚人的创造。1978年著名的战国曾侯乙墓在湖北省随县擂鼓墩附近被发现，其中出土的楚式青铜器群代表了铁器普遍应用之前，先秦金属工艺的最高水平。主要作品有编钟一套64件、9鼎8簋和令人眩目的尊盘一件。其中尊盘即是用失蜡法铸造成的，是具有里程碑意义的作品。尊盘是可以分离的盛水器，据考证尊是由34个部件通过56处铸焊而成，上部圆环由19种交体龙纹构成12组纹样单元，颈为四豹吐舌，腹为四双身龙，最后以双身龙构成圈足。下面的盘，口沿分8段构成，足也是由龙构成。整个尊盘繁缛精丽，充满了几乎圆雕般交缠在一起的龙纹，产生一种奇诡的美丽。以陶范加失蜡法成形的编钟，则有"世界第八奇迹"之称（中原人重鼎，楚人则重钟，故钟的制作十分精美）。另外，楚地的青铜剑是吴越灭亡之后，堪称第一的宝剑。

沿长江而成的楚文化，虽成熟较晚，但它与雄浑的黄河中原文化相比，具有着更加清新的生命力，而楚文化的鼎盛期正是青铜文化的鼎盛期。

◎春秋战国时期的青铜工艺为什么与商、西周不同？

春秋战国时期的青铜器，在铸造工艺上较之商周时代有较大的革新与创新。传统的制作方法——陶范法，在商周基础上得到了进一步发展，有单范铸和合范铸及器身与附件分别铸造的分铸法，并在传统陶法制造法的基础上，创造了失蜡法，铸出的成品可以达到高度的精确。春秋中期以后在制作铜器花纹上的模印法的发现，是青铜铸造业上的一项重大革新，用花模拍印纹饰节约了人力物力，提高了生产效率。春秋战国青铜嵌错工艺也相当发达，所镶嵌的物质主要有绿松石、宝石、红铜、金、银等，嵌错

四兽铜壶

工艺技术娴熟，艺术效果丰富多彩，打破了夏商萌芽时代的模式，使器物更富有魅力，绚丽多彩。同时青铜器上的鎏金技术也开始兴起，不但可使器物外表富丽优美，而且对保护铜器也起着良好的作用。此外，青铜加工技术在春秋战国时期在很多方面还有不少的发展，如在焊接技术上掌握的有锡焊、铜焊、铅锡合金焊；青铜器上的填漆、绘漆则大有进展；出现了不少铜和铁的复合器物等。总之，春秋战国时期的青铜器在社会变革中，青铜铸造业的金属细工和加工工艺，在先前的基础上不断有所发展和创新，成为这一时期青铜工艺不同于商、西周的重要特点之一。

◎为什么在传统服饰中红（赤）、黄、蓝（青）、白、黑为五方正色？

在现代色彩观念中，红、黄、蓝为三原色，白、黑为极色，这五种颜色是自然界一切色彩的基本色。

中国传统服装在款式上、纹样上、色彩上都是有规定的。服饰的色彩在先秦受阴阳五行学说的影响，形成了所谓"五方正色"的帝王服饰色彩，这五方正色是：东方青（蓝）色、西方白色、南方红色、北方黑色、中央黄色。一个朝代建立之后，帝王根据五行来制定服色，如商尚白色；周尚红色；秦始皇则认为他是以水德王天下（北方为水），故尚黑色。一般来说，百姓是不可以穿用正色的，正色象征高贵。如帝王的祭祀冕服为"玄衣纁裳"，就是黑色上衣，红色下裳（古人无裤，裳是一种围裙似的服装）。百姓、妇女和内衣只能用两色以上混配的间色。间色象征卑贱，如浅红、淡青、紫等。春秋战国时期的齐桓公喜欢穿紫色的衣服，他的这一行为对于传统礼制是很大的打击，上行下效，紫色一跃而贵，几乎取代了当时至为贵重的红色（朱），无怪乎孔夫子深为厌恶地说："恶紫之夺朱也。"（《论语·阳货》）但是紫色很快以其华贵的性格，成为权威的象征，以至宋的时候百官公服的颜色已是紫、绯、朱、绿、青，紫居众色之首了。而五方中属于中央的黄色在历史的演变下，最终成为帝王的专门服色，以象征其真龙天子的身份，其他任何人也不得服用。

◎为什么佩玉是先秦服饰中十分重要的内容?

服饰是一个整体的概念,也就是说它包括与服装相配的发式、化妆、鞋帽以及佩带之物。先秦时期最突出的饰物便是佩玉,好比现代人的领带、小背包之类,但其意义要比领带背包丰富而且沉重,它主要是作为礼器佩饰于奴隶主贵族身上。

玉器的生产在商周已十分发达,成立了独立的工种,由专人制造,所谓"治玉有专工,相玉有专家"。史称商纣之时,宫中玉器以亿万计,商灭纣王自焚时,以玉环身,焚玉4000多块!春秋战国是中国古代玉器发展的高峰期。带有政治、伦理、宗教与巫术思想的成组佩玉盛行起来,它们由玉璧、玉环、玉龙、玉璜、玉管等构成"组玉",挂于胸、颈或革带上。当时的统治者把玉的身份抬的很高,意义说得很玄,使之人格化、道德化。正如孔夫子所言:"玉之美,有如君子之德。温润而泽,仁也;垂之如坠,礼也;叩之其声清越以长,其终诎然,乐也;瑕不掩瑜,瑜不掩瑕,忠也;孚尹旁达,信也;气如白虹,天也;精神见于山川,地也;……圭璋特达,德也;天下莫不贵者,道也。"所谓"君子无故玉不去身","君子比德于玉",平时走路也要使"佩玉将将",以符合音律，玉声乱的话即为失礼。玉成为衡量人品格的尺子。"完璧归赵"讲述的即是战国时期秦昭王欲以15城交易赵国的和氏璧，机警的蔺相如终于不辱使命。"完璧归赵"正是在这种玉器至上的风气下出现的典故。

◎为什么说湖北江陵马山一号墓出土的服饰实物代表了战国织绣工艺的最高水平？

1982年1月在湖北江陵马山砖厂一号墓发掘出土了一批衣物织绣品，它们是战国中期的物品，其数量之多、种类之全、保存之好，十属罕见，为我们了解战国服饰文化提供了详实的直接资料。

春秋战国时期，社会生产更为发达，种植桑麻、纺染织绣水平很高，尤其齐鲁之地蚕桑业特别发达，大商人经营丝棉，财富可与千户侯相比，人称"素封"，《史记》载："齐冠带衣履天下。"后来，由于战争，或迁徙或掠夺，其织绣技艺流于它区，吴、楚纺织技术的高超便与此有关。当时，齐、楚的丝绸是服饰的主要面料。马山一号出土的实物正是那时楚国的织品。其中衣物50件左右，另有一批纺织物。包括：袍类三种款式（分单、夹、绵）、单裙（裳）、绵裤（古时的一种开裆裤）、锦帽、麻鞋、漆鞋、衾被、枕套、镜衣以及一件中国最古老的针织品等。服料有：绢、绨、纱、绮、锦、罗等。这些衣物织造的都很精美，出土时色彩如新。在一件罗纱单衣上刺绣出数十双对称的斑斓猛虎，只只张牙舞爪，十分威武，虎纹全由正面绣出，反面几乎不见针迹。

春秋战国时期，邦国林立，统治者、官属、嫔妃形成巨大的消费集团，"食必粱肉，衣必文绣"，甚至连宫室狗马也无不锦绣被体，国与国之间的聘问往还也以织绣品为赂品，马山一号楚墓的衣物使我们得以窥见当时华贵服饰之一斑。

◎为什么称赵武灵王为中国服装史上的第一位改革者？

春秋战国时期，曾经弱小的赵国一度强大起来，攻灭中山国，攻克林胡、楼烦，成为西北地区较大的国家。这其中一个主要原因便是赵武灵王对军队服装的改革。

赵国地处西北，邻接东胡、楼烦两个少数民族，这两个少数民族都善于骑射，在崎岖的山谷中作战神出鬼没。而汉族的平地车战则很难克敌制胜。为了适应战争的要求，全国上下纷纷学习骑马射箭，但汉族的开裆裤和大裳行动起来十分笨重。在这种情况下，赵武灵王决定废除传统的上衣下裳，吸取东胡少数民族的军服，即将传统的套裤改为前后裆相连的裤子，裤腿变瘦，这样骑在马上便不再摩擦大腿和臀部的皮肉，而且不必再于裤外加裳，行动起来就十分方便了。但在当时，这种做法是十分大逆不道的，即所谓不合礼法，遭到一些保守派的反对。赵武灵王以"先王不同俗，何古之法？帝王不相袭，何礼之循？"反驳了保守派，并在长者肥义的支持下，实施"法度制令各顺其宜，衣服器械各便其用"的号令，改革服装，建立新的骑兵队，使国家大盛。这便是历史上有名的"赵武灵王胡服骑射"，赵武灵王这一改革举动，在历史上首次将中原人一直卑视的胡服引进了传统的服饰文化中，对中国服饰文化的发展起了极大的作用。当然，赵武灵王引进的胡服，在当时，只限于军人和下层百姓的穿用，而不事劳作的统治者和贵族，依然固守着传统的审美观念，穿着宽衣大裳，直至汉代，上层贵族仍以着裤无裳为耻。

◎楚漆为什么多凤鸟图案？

战国时期，地处长江流域的楚国远离中原地区，偏狭的地理环境使楚人"信巫鬼，重祀"，所以，在"巫文化"背景之下制作的楚国漆器，其造型纹饰自然也笼罩着一层浓重的神秘色彩。楚国漆画中常见的凤鸟图案即反映了楚人的迷信及巫文化在漆器制作中的影响。凤是楚人所崇拜的图腾，是楚国先人的代表，因此在楚国漆器和其他文物上，常见有凤衔珠、凤御虎、凤展翼等形象，反映了以凤鸟构成的漆画已经在楚人心中理性化，表现了他们的特殊信仰及强烈的好恶观念。

◎为什么古书上说"满堂之座，视钩各异"？

《淮南子·说林训》上有一句话："满堂之座，视钩各异"，这里的"钩"指的是战国时期服装上的一种既具有实用性、又具有装饰性的物件"带钩"。因其在当时极度流行，尤其贵族王公们对之倍加喜爱，不惜钱财，使之成为一种特别高级的工艺品，所以才有了"满堂之座，视钩各异"这样一句话来形容人们所用带钩种类的繁多和精美。

中国传统的服装形制上有两种，一是上衣下裳的分属制；一是衣裳连属制，两种衣裳的束系，原本使用的是丝绦，革带在当时无钩也不美观，所以系在里面。赵武灵王"胡服骑射"之后，带钩才由原本是少数民族束系服装的革带上使用的青铜带钩转用军服甲胄上，进而转用到王公贵族的袍服上，因其制作上的精美，革带也可以系到外面来了，于是带有带钩的革带逐渐取代了丝绦的地位。革带既然系到外面来了，顶端的带钩便讲究起来。由此，来自少数民族的带钩，在战国时期的中原达到了如此时髦与精致的程度！甚至作为特别的礼物转赠于当时的一些匈奴君长。带钩的使用直到南北朝以后才被另外一种叫做带扣的物件所取代。

带钩的制作极尽能事。在材质上有：青铜、银、铁、玉、骨、象牙甚至包金、纯金等。样式有千百种，小的不过寸许；大的长及一尺、宽约一寸。基本造型有：螳螂形、方形、长方形、圆形、动物形、琵琶形等。装饰工艺有：雕镂、镶嵌、鎏金、金银错等。

◎为什么说《考工记》是中国工艺史上首要名著?

《考工记》是我国第一部手工艺技术汇编，是了解中国传统工艺首先要读的著作，它较为详细地介绍了先秦"百工之事"。欲了解中国传统手工艺，要"上抓《考工记》，下抓《天工开物》"，正是人们对它重要性的一种认识。

《考工记》，作者佚名，它的成书年代，各家说法不一。郭沫若认为成书于春秋末年，一部分专家认为成书于战国时代，闻人军在《考工记译注》中提出其为"战国初期齐国的官书"。全书7100余字，开首叙述"百工之事"的由来和特点，然后，以主要的篇幅分述当时官营手工业和家庭小手工业的主要工种，凡三十工。其中有一部分内容缺失，实存二十五个工种的具体内容。依据现存这些内容，我们可以将之归纳为六个方面的工艺系统。它们是：1.制车。2.铜器铸造成。3.弓矢兵器、制革护甲。4.礼乐饮射器。5.建筑水利。6.制陶。

在以上内容中，关于铜器铸造系统的部分，介绍了商周以来积累的青铜合金中铜、锡（包括铅）的配比知识，是世界上关于青铜配剂的首次著录，以现代实验来衡量，也是符合科学道理的。在礼乐饮射器制造系统部分，"凫氏"制钟的记载成为历代王朝仿制古钟的重要依据，现今则被视为一篇优秀的制钟学术论文。建筑水利系统部分的"匠人"技术，对后世王城的规划和建筑业产生了重大的影响，被北宋李诫在《营造法式》中一再地引用，奉为楷模。

◎为什么说秦俑是以模塑结合手法制作的写实性作品？

秦俑是1974年在距离秦始皇陵东1公里处，3个兵马俑坑中出土的（其中4号坑是当时未建成就废弃的空坑，不计在内），1974年以来发掘出土的武士俑800多个，陶马100多匹。这些陶俑的制作程序非常复杂，但概括起来就是"模塑结合"，即以模范制成初胎（大形），再用细泥覆胎，然后运用我国民族传统泥塑的手法：塑、捏、堆、贴、刻、画修饰成型。

秦代崇尚务实，注重现实物质生活的体验，这种务实精神反映在艺术上，便是一种中国式现实主义的表现。秦俑的艺术风格正是这种现实性的突出反映。其现实性表现在3个方面：1.形体真实，作品与真实人马几乎等大，可以说它们是现实秦兵马的模拟品。秦俑身高在1.75—1.95米，四肢和细部结构基本合乎解剖学比例。陶质车马高1.72米，体长2.03米，马的四腿如柱，膘肥体壮。2.面貌写实，各具特点。秦俑成功地塑造了年龄、性格及秦国内一些少数民族兵吏的形象。如态度文静、善于谋略的青年文官；面阔耳大、威猛善断的壮年大将；长须可捋，不苟言笑的老将以及清秀的巴蜀之人。3.个性鲜明、生动感人。秦俑的成功，不仅"形似"，更主要的是"神似"，而这"神似"关键就在于它敷彩的成功，尤其面部的着彩，使人物"活"了起来。所谓"三分塑，七分彩"，在秦俑上让我们领略了色彩的重要。

秦俑从个体进而到群体的布置，体现了生动的风韵，所以说，秦俑是一批成功的大型写实主义作品。

◎为什么称秦砖为"铅砖"？

"秦砖汉瓦"这一俗语说明了砖瓦在秦汉时期的成就，而秦砖又以它特有的材质、造型和烧制特点被称为"铅砖"。

秦代虽然立国很短，但一度曾大修宫殿。据《史记·始皇本纪》说："秦每破诸侯，写仿其宫室，作之咸阳北阪上，南临渭，自雍门以东至泾、渭，殿屋复道周阁相属。"秦始皇曾征用天下所谓罪人70余万修建宫苑和陵墓，唐代杜牧那篇脍炙人口的《阿房宫赋》把阿房宫建筑之宏伟、宫女之众多和珍宝之繁伙，描写得淋漓尽致。然而，庞大华丽的阿房宫，只不过是全部建筑群的一个前殿而已！秦朝的十几年中，累计关中共有宫室300所，关外400余所。如此庞大数目的建筑物，所用建筑材料之多就可想而知了。由此也使建筑的基本材料——陶质砖瓦的质量得以大大地提高。

秦砖的陶土，多取当地骊山的沉泥，因沉泥本身含多种矿物成份，经高温烧制以后，颜色青灰，十分坚硬，故称"铅砖"

秦代的烧陶技术已经很高了，从出土的秦俑和大批砖瓦、下水道管、陶瓮、陶罐等陶制品看，都是造型端正、质量极高的，并且陶的颜色也多是青灰带黄，说明陶土中的铁元素基本还原，有可能是用高温封窑的还原焰（指的是窑内气氛，当窑内温度达到一定高度时，封住窑口，不再给氧，使陶土中的金属元素还原）烧制的（这一点有待于作进一步的测试证实）。

秦砖浑朴厚实，装饰形式多种多样，常见的纹饰有：云纹、菱形纹、回纹、圆纹、S型纹和龙、凤纹，而尤以1974—1975年咸阳秦都1号宫殿出土的龙、凤纹空心砖为秦砖中的珍品。

◎为什么说汉代的铜灯制作进入铜灯史的鼎盛期?

　　铜灯的制作在战国已很精美了，然而直到汉代，铜灯的鼎盛才真正到来。当时，社会上奢靡之风盛行，统治阶级在新儒学的维护下，俨然是替天行道的天子，日用器皿极尽豪华之能事。铜灯的制作即讲求实用更强调审美，所以，功能性与审美性巧妙的结合，正是汉代铜灯显著的特征。

　　汉代的铜灯在造型上异常精美，往往在使用时，它是极好的照明用具，而不用时，则又是案头或室内的一件陈设品。从众多的铜灯造型上看，主要有：盘灯、虹管灯、行灯、吊灯以及动物造型灯。动物造型的灯有：牛灯、羊灯、鹿灯、朱雀灯、雁足灯等。动物灯大多背部有盖，用转轴开合，点燃时将盖反昂头顶以承油，不用时复合成为案头陈设。如羊灯，灯体为一只卧羊，羊背为活动的盖，翻开即为灯盘，可平置于羊头上，合盖则为卧羊，可以作为铜塑装饰品。而虹管灯则是汉代铜灯中的佼佼者，它的设计更为合理，技术也更加先进。虹管灯的灯体主要由虹管、灯座、灯盘、罩板4部分组成。灯座盛水，燃灯时油烟通过虹管吸入水中，可以防止空气污染；灯盘上的罩板可以转动来调解光照的方向和强弱。

《长信宫灯》是虹管灯的代表作品，1968年于河北满城中山靖王刘胜之妻窦绾墓出土。通高48厘米，重15.78公斤。灯通体鎏金，作一宫女跪坐之姿，左臂下垂执灯座，右臂举起为虹管。全器由七个部件组成：头、身、右臂、身躯、灯座、灯盘和内外罩；其中头、右臂、左手为失蜡法精制而成，灯座、灯罩、头部和右臂还可以拆卸，以便清理烟尘。

◎古人为什么用铜做镜？

铜镜是中华民族青铜器中独成体系的妆奁器和工艺器。它萌芽于金石并用时期，兴起于战国，盛于汉唐，而衰于宋元。我们今天普遍使用的玻璃镜子，大约是在明清时期才逐渐流行开来的。

我们从文献史籍中不难发现，古代镜与鉴常常是混为一谈的，故有镜鉴之称。《庄子·德充符》："仲尼曰：'人莫鉴于流水，而鉴于止水。'"《广雅》云"鉴谓之镜"。即古人用盆容水以鉴容颜，普通人用陶器盛水，贵族用铜器盛水，铜器如果打磨得很洁净，即使没有水也可以照容，故进一步，由铜水盆扁平化而成镜子了。铜镜背面有花纹，背中心有镜钮，即是盛水铜器扁平化的遗痕，盛水铜器的花纹是在表面的，扁平化后则变成背面了，而镜钮则是器足的根蒂演变而成。这种具体的演变模式可以这样描述：止水→鉴盆中静水→无水光鉴

→光面铜片→铜片背面加钮→素背镜→素地加彩绘→加铸图纹→加铸字铭。这样就形成了用铜、锡、铅等合金铸成的青铜镜，不同的时代形成不同的风格。因此，我们认为，随着生产力的发展，人们生活需求的增长和审美能力的提高，从用盆装水照容发展到以铜铸镜是必然的。

◎为什么汉代铜镜多铸有铭文？

自从人们掌握了青铜铸造技术，发现了金属的反光以后，就舍弃了以鉴盛水照颜的方式，发明了铜镜，铜镜除了是古代照面饰容的用具之外，也是墓中随葬之物以及辟邪、表意之具。

随着人们对铜镜的使用寄予越来越多的希望，铜镜上的纹饰也由齐家文化第一面青铜镜上的三角纹发展为战国、两汉及大唐时期，日趋复杂的各式纹样，它们越来越清楚地反映了当时社会的审美趋向、伦理观念、避邪祈瑞的时代风气。汉代新儒学的兴起、楚文化浪漫神秘精神的勃发，"天人感应"的神学思想树立起来，特别是自秦以来的求仙长生意识，至汉而盛，反映在铜镜的纹饰上就是大量地使用吉祥词语为字铭。

汉代的铜镜因时期不同而分为三个阶段，早期铜镜铭文少，从中期开始铭文镜便多起来，字铭是越演越多，且附有年代、产地、作者姓氏。最常见的是《四神博局镜》上往往有铭文一周，铭文内容有如下几种："尚方作镜真太巧，上有仙人不知老，渴饮玉泉饥食枣，浮游天下遨四海，新有善铜"或"汉有善铜出丹阳，取之为镜清且明，左龙右虎补四旁，朱雀玄武顺阴阳"、"富贵昌，宜君王，乐未央"等。晚期的铭文镜常见有各式《兽纹镜》、《星云纹镜》，铭文内容多是"君宜高官，吉师命长，位至三公，长乐未央，长宜子孙"、"尚方作镜大毋伤，巧工刻之成文章，左龙右虎除不祥，朱雀玄武顺阴阳，寿敝金石乐未央，长保二亲富贵昌，子孙备具居中央，女为夫人男为卿"、"内清质以昭明，光辉象未日月"等。

◎为什么说汉代是漆器的黄金时代？

漆工艺在战国曾繁荣一时，但汉代漆器的生产其产品之多、规模之大、传播之广又远远超过战国，汉代漆器的使用是贵族身份的象征，皇室、贵族、大地主、大商人为了显示自己的身份，尤其是西汉的前期，他们不惜花费巨大的人力、物力来生产精美的高档漆器。《盐铁论·散不足》中说："一文杯（漆器）得铜杯十……用百人之力，一屏风就万人之功。"目前考古发现的最重要的漆器主要出自湖南长沙；湖北云梦、江陵这三个地区。

汉代漆器造型最突出的就是多子盒。这种造型的"盒"实用方便，可称得上是最佳设计了。多子盒往往有5子、7子、9

子之多，在一个大的漆盒中，容纳多种不同形式的小盒，如长方形、方形、圆形、椭圆形、马蹄形等，既节省空间又美观协调。长沙马王堆1号墓出土的具杯盒就是这样一件漆器。它由七具构成，六具顺叠，一具反扣，恰好扣合紧密。

漆器的髹饰工艺有针划、堆漆、贴金箔花片和彩绘，而以彩绘为主。漆器的胎质主要有木胎和夹纻胎，其中夹纻胎在战国时虽然已有，但到汉代才大盛。它的特点是体轻，结实，比木胎的保存长久而且好，魏晋时期往往用此胎质制作佛像，用作行像活动。

漆器经过西汉的全盛期之后，东汉由于中央政权的削减，丧葬习俗的改变，最主要是陶器的发展，漆器生产的质、量大大降低了。

◎为什么汉代织锦又称经锦？

汉代织锦，作为时代特色，而与"宋瓷"、"明家具"等相提并论，又因为它织造上的特点而被称为"经锦"。

染织工艺是汉代一项极为发达的实用工艺品，统治者对此十分重视，当时宫廷中设有东、西织室，为帝王服用的专门纺织机构。每年各室费钱5000万。但比东、西织室更为奢华的织所却在齐郡。汉皇室在齐郡临淄设服宫三所，称"三服宫"，织工数千人每年费钱数万万，专织高级织品。但是，后来由于中原地区的战乱，各方面的发展受到了影响，而地处偏远的天府之国四川却得天独厚地发展起来了，并以蜀锦闻名于时，成为汉代产量极大、花色极多而具代表性的织锦，甚至"决敌之资唯仰锦耳"。

汉代的蜀锦在织造时，一般是纬线只用一色，经线则多为三色。这三色经线中一色织花纹、一色织轮廓，图案花纹由经线显出，即经丝彩色显花，花纹、色彩呈直行排列。因其为经线显花，所以，汉代的这种织锦又被称为"经锦"。

汉代的经锦除了织造上的这种特点外，图案花纹也很有特点。常见的纹样有：1.云气纹（云气纹是汉代求仙思想的反映），2.动物纹（多为祥瑞之动物，如虎、鹿、羊等），3.花卉纹，（主要为茱萸和柿蒂，也是辟邪之物），4.吉祥文字5.几何纹等。

◎为什么汉代男子流行戴巾帻？

中国人一向重礼，所谓"礼莫重于服，服莫重于冠"，可见"冠"在服饰文化中的重要。

古代男子多不裹头，只以冠帽约发，"弱冠之年"指的就是男子20岁行的冠礼。"冠"是成年男子的标志。战国时秦国曾以巾帕颁赐武将，与冠帽并用，然而只限于军旅，不施于民间。后来，有身份的贵族流行裹巾加冠，而庶人和卑贱执事只用巾帽。汉元帝时，因额上有毛发，便以帻遮掩，群臣仿效，但此时只有帻而无巾。《释名·释首饰》释"帻，迹也，下齐眉迹然也"。就是说，用帻绕髻一周，致额部朝下翻卷，下齐于眉。后来，据说王莽因头秃，特制巾帻包头，所谓"王莽秃，帻施屋"，这时帻上才加巾，并流传开来，成为风尚。

巾帻是汉代男子的基本首服，贵贱皆服，身份高贵者再于上加冠。汉代官员巾帻的用法是在额前加一个帽圈，名为"颜题"，与后面的三角形耳结相接，文官耳长、武官耳短。头顶上被头发隆起的部分形似尖角屋顶，故称为"屋"。后来把呈"介"字形屋顶状的称为"介帻"；呈平顶状的称为"平上帻"，未冠童子，巾帻无屋。文官于进贤冠下衬"介帻"；武官于武弁大冠下衬"平上帻"。东汉后期，出现了前低后高，即颜题低、耳高的式样，称为"平巾帻"。

◎为什么汉代男子不穿曲裾衣而改穿直裾衣？

汉代男子的服式，从类型上看有两种，一是直裾；一是曲裾。裾，指的是衣襟，直裾就是垂直的衣襟。古时制衣，将衣襟接长一段，穿时折向背后，垂直而下。汉代，将垂直的衣襟由背后移置身前。曲裾，是指衣前襟加长呈三角状，穿着时于身上缠绕，衣襟相掩，尖端部分绕于身后，形成层层叠叠的效果，类似古时深衣形制。

西汉时，无论男女一般皆服曲裾衣，直裾虽然已有，但是，只有一些妇女穿用，男子若着此衣则被视为失礼。东汉时，曲裾则只限于女子穿用，男子多改穿直裾衣了。这其中的原因，便是缘于当时的内衣。

古时裤子无裆，仅有裤管，胫以上完全袒露，穿这种裤子需用外衣将它掩住，否则裤管外露十分"不恭不敬"，因此，当时只能围"裳"以遮掩。长衣出现以后，下摆的处理就成了问题，如果开衩，内衣外露；如果不开衩，则难以迈步。于是有了曲裾衣的相掩之法。战国以后，裤子的形制日趋完善，至东汉时，曲裾已属多余，故男子大多改穿简捷、利落的直裾。而作为一种装饰，曲裾则仍保留在女服中，并于汉魏、六朝时不断地变化出许多样式。

◎为什么说从魏晋南北朝开始中国工艺美术进入瓷器时代？

中国以瓷器著称于世，是世界上首先生产并使用瓷器的国家，所以英文China一词的大小写既代表中国，也代表瓷器。我国的工艺美术，是从魏晋南北朝开始进入了瓷器时代。瓷器以其光洁美丽的外表、经济实用的特点代替了辉煌一时的铜器和漆器。

瓷器，早在商周青铜时代就出现了，但那时的瓷器在胎质、釉色、烧造等方面还很不成熟，一般称为釉陶或原始瓷。许慎在《说文解字》中释"瓷"便为"瓦器"。"瓷"的意思与实物相应并正式出现是在西晋。我国陶瓷史上，从陶多于瓷发展到以瓷为主的过程，就是在西晋这个时期完成的。

西晋时，瓷器已广泛地进入到生活领域的各个方面，在使用过程中瓷制器皿充分显示出胜过其他质料的优越性能，逐渐代替了漆器、木器、竹器、陶器和金属制品。晋代的东瓯窑（在浙江一带），是我国历史上第一座有文献记载的窑场。在胎质上，取用优质的高岭土。在釉色上，西晋瓷器继承了原始瓷的青釉，并取得了更加均匀、纯正的效果。在装饰上，风行以压印、印贴、镂孔等手法制作的几何二方连续装饰图案。造型上、注重实用性是一个突出的特点，并结合动物形象创造出新颖优美的鸡首壶、羊首壶、蛙形水注、羊形器等。南北朝时，青瓷的烧造不再局限于江南地区，南北两地竞相生产而风格各异，加之此时佛教的兴盛，外来文化的涌入使瓷器的装饰、造型又具有了鲜明的异域情调。

◎为什么魏晋南北朝的金属工艺以金铜佛居多？

佛教自两汉之际由印度传入中国。魏晋南北朝社会战乱频仍，人民水深火热，异族人当权，传统的社会秩序开始动摇，一向独尊的儒家理教受到了怀疑。于是，佛教这一外来宗教便在中华大地生根了。佛教，讲求造像以种福田、得福报。在世界三大宗教中佛教是造像艺术最丰富的宗教了，因其造像繁多又称"像教"。魏晋南北朝是中国佛教史上的第一个繁盛期，开开窟、造像之先河，以皇室为首，动用巨资，形成声势浩大的大窟大像。如云冈、龙门、天龙山都是具有皇家风范的著名石窟。在造大窟大像的同时，以贵重的"赤金"（铜）造金属佛像，以报功德也大为风行。《魏书·释老志》记载关于佛教的传入时说，汉明帝夜梦所见之佛为"金人"，也就是说佛为金身，这大约便是铜佛像着金——金铜佛的由来。公元454年，上敕五级大寺为太祖以下五帝铸释迦立像五躯，各长一丈六尺，用赤金二万五千斤，这是金铜佛铸造之先。公元466年；北魏献文帝于天宫寺造释迦大像，高42尺，用铜10万斤，黄金600两；史载南朝陈武帝曾有铸造金铜佛像120万尊，至于信众供于室内或随身携带的小铜佛，更是不计其数了。自南北朝开始，佛教造像成为中国金属铸造艺术的主要内容。

◎为什么北魏孝文帝时的服装特点是"褒衣博带"式？

魏晋南北朝时的服饰，从遗留下来的大量壁画、雕塑等形象资料看，有一种形体消瘦、衣裳肥大的风格特别突出，这就是

"褒衣博带"式风格。魏晋南北朝，各少数民族初建政权时，仍按本民族习俗穿着，后来受到汉文化影响，羡慕汉朝的典章制度及帝王百宫峨冠博带的一套"威仪"，也穿起汉族的衣服。其中最著名、最具代表性的是北魏孝文帝"太和改制"所引起的有关服饰方面的变化。孝文帝拓跋宏是北魏杰出的君主，统一北方后，他开始实行汉化"文治"政策。太和十八年（494），迁都成功之后，为了加强对中原地区的统治，全面推行汉化政策，如鼓励并带头与汉人通婚、改姓汉姓、说河南洛阳话等。在服装方面，孝文帝下决心"革衣服之制"，令"群臣皆服汉魏衣冠"。这一大规模的改革，引起的服饰变化，就是汉族形式的"褒衣博带"得到了进一步发扬，它的特点就是宽大。所谓"一袖之大，足断为两；一裙之长，可分为二"。原本鲜卑人便于骑射的"夹领小袖"和强壮的体格，在文治和汉服之后，为了标明自己的文弱，显出一种儒雅的贵族气，鲜卑人便将自己消瘦起来，然后穿起汉人的宽袍大袖，整个社会审美风气为之一变。自此，上及王公贵族下达黎民百姓皆以瘦体宽衣为尚。

◎为什么六朝名士喜穿衫子?

六朝时，玄学兴盛，而谈玄说虚的是名士。

当时老庄学说与逐渐传播开来的佛教思想在魏晋以来的士大夫心中地位日高，玄学随之兴起。传统礼教被他们放置脑后，以不拘礼法、自由放浪为风尚，日常生活上更是不修边幅，这些人在当时便被称作名士。作为意识形态的外在表现，名士们的服饰别有一番风度，加上他们服药、饮酒的好尚（名士们服用一种叫"五石散"的剧毒药，服用后毒力发作，产生巨大的内热，要行散、喝酒、洗冷水浴，也不能穿过暖的衣服），便穿起宽大、柔软、轻便的衣服，同时去掉古人罩于袍衫外符合各种礼法的衣裳，常常是袒胸露腹、赤足散发的。于是，宽大随意的衫子，遂成为他们最常穿用的服饰之一。

衫，其形制与袍相似而不同。照汉代习俗，凡被称为袍的，袖端应当收敛，并且装有祛口。而衫子既不施法，袖口也宽敞。《释名·释衣服》说："衫，衣无袖端也。"这是衫、袍的主要区别。袖口宽大的衫子，穿起来飘飘欲仙，十分洒脱，这正是名士们喜爱它的主要原因。六朝时，衫有单、夹二式；质料有纱、绢、布等，颜色多用白。并且各种场合都可，便服、礼服皆行。1960年南京西善桥出土的"竹林七贤"画像砖，就表现了他们潇洒的名士风度。图像中，七贤都着宽大的衫子，衫领敞开，袒露胸怀。清楚地反映了当时名士在服饰穿着方面的典型情况。

◎为什么六朝时期莲花纹、联珠纹大量出现？

六朝时期的艺术作品中，常可见到单独的、变化的和二方连续的莲花纹、联珠纹。比如在大量的敦煌壁画边饰、陶瓷上的贴塑刻画纹、染服纹样及建筑上的彩画、寺塔装饰上等都可见到。

我国古代对于莲花的欣赏，最先起源于楚国。莲花又名芙蓉、芙蕖、水芝、水花、荷花。《楚辞》中有："集芙蓉以为裳、因芙蓉以为媒"等，即说明了莲花被人们喜爱的程度。三国时吴国风俗，定六月二十四日为荷花生日，称该日为"观莲节"。把莲花应用于装饰上也有着悠久的历史。春秋战国时期用莲花为装饰的以当时著名的青铜器为代表，如河南新郑出土的《莲鹤方壶》、安徽寿县蔡侯墓出土的《铜方壶》等。

六朝时，佛教大盛，而佛教中莲花的地位是十分重要的。如代表"六度"的六种供品：香、花、灯、涂、水、食中的"花"，就是指莲花（芙蓉）；佛经中描述的佛国也是莲花灿烂、莲花遍地的世界；可爱的化生童子正从莲花中冉冉升起；佛、菩萨座下是"莲花座"；脚下踏的也是莲花；密教中更以莲花来命名人体的主要脉络。总之，翻开佛教艺术的画卷，莲花的形象醒目而美丽。莲花纹便在原有的基础上，随着佛教而兴盛起来。联珠纹则是伴随着佛教而来的印度犍陀罗艺术、波斯工艺美术，被我们吸收应用的又一种纹样，它是以相联的圆珠构成，应用的领域也十分广泛。

◎隋唐工艺美术史上为什么会出现胡风汉俗？

隋唐时期，国威强盛，经济繁荣，中国封建社会发展达到了高潮。隋末大运河的开凿，亦加速了民族融合的步伐。在此基础上，承袭六朝并突破六朝的隋唐文化，达到了空前的发展，而作为文化载体的工艺美术品自身牢牢吸附着汉民族的审美韵味和风俗习惯。与此同时，唐朝的文化影响越出了国境之外，尤其是沟通中西交通的丝绸之路日益畅通，加强了中国和西域诸国的联系。当时的都城长安汇集了来自西域各国的商贾、使节，唐人称他们为"胡商"、"胡人"。由于和西域诸邦的频繁往来，内地文化生活等方面自然受到影响。到开元以后，更有发展，太常之乐尚胡曲，贵人肴馔尽供胡食，仕女皆竞为胡服。特别是胡服、胡帽受到上下欢迎，社会风气为之一变，所谓"胡音胡骑与胡装，五十年来竞漂泊。"在此种风气影响下，反映在工艺美术上则是胡人乐舞、商贾为题材的艺术品不断涌现，如陶瓷器中的驼骆乐舞俑，金银器、丝织品上的胡商、胡人形象等。"安史之乱"以后，伴随唐王朝国力的衰微，这种文化现象也日渐消失。

◎为什么茶圣陆羽认为"邢不如越"？

"邢不如越"指的是邢窑的产品不如越窑的产品质量好。其实，这只是唐代饮茶人的一种见解。

唐代制瓷技术在六朝的基础上有了迅猛的发展，各地多有制瓷窑。《陶录》说："陶至唐而盛，始有窑名。"说明制瓷在唐代已经系统化。邢窑与越窑便是唐代南北诸窑的代表。

南方的越窑以生产传统的青瓷闻名，并以其古老的地位而为人称颂。唐代诗文中，有许多并于越窑的描述。如孟郊"蒙茗玉花尽，越瓯荷叶空"；陆龟蒙"九秋风露越窑开，夺得千峰翠色来"等。从诗文中可以看出越窑瓷的特点是釉色青翠而透明。所以越窑瓷有"类玉"、"类冰"之喻。

北方的邢窑是与越窑齐名的一个窑系，但它却是以生产白瓷为特点，窑址在今天的河北省内邱。邢窑约在初唐开始生产，流行于开元，至贞元时"天下无贵贱通用之"。白瓷至唐代已自成一个体系，与南方传统的越窑青瓷分庭抗礼。邢窑瓷釉白而微闪淡黄，有"类银"、"类雪"之喻。

唐代饮茶已成风气，当时的茶为青饼茶，除了要求香气高、滋味浓外，还要求汤色绿，越瓷釉色青翠，正好可以衬映出茶的本色。唐代茶圣陆羽以饮茶人的角度在他所写的世界上第一部茶学专著《茶经》第四部分"器"中说："碗,越州上,……或者以为邢州处越州上,殊为不然,……邢瓷白而茶色丹,越瓷青而茶色绿,"因此"邢不如越"。并且,越碗"口唇不卷,底卷而浅"便于端碗,也利于吸尽茶汤和茶末,所以越瓷为上。

◎为什么说唐三彩是唐代陶器的一朵奇葩?

色彩斑斓、造型优美的唐三彩是唐代釉陶制品的代表。

早在南北朝时,由于白瓷的烧制成功,陶瓷工艺便于传统青瓷的单色釉基础上出现了一个飞跃。匠师们不但能将釉料中的铁元素控制在一定限度内,而且还发明了"釉中挂彩"的技术,即在釉料中加入铜元素,烧出绚丽多彩的器物,使陶瓷工艺自汉代以来的单色釉向彩色釉过渡迈出了一大步,并为唐代三彩陶的烧制铺垫了技术道路。

唐代匠师在北朝创烧的"釉中挂彩"技术基础上,再次进行创新,他们选用白色粘土,

唐三彩

拉坯、合模、经1100度素烧之后，上彩釉。这种彩釉是于低温铅釉中加入铁（呈色为黄、褐）、钴（呈色为蓝）、铜（呈色为绿）、锰（呈色为紫）等呈色金属。再经过二次900度低温焙烧，利用釉中铅的流动性，从而创烧出黄、赭、白、绿、蓝中的一色、二色或三色，甚至集五色于一器色彩绚烂、写意的低温釉陶。因其常见为黄、绿、褐三色，故凡是这类陶器通称为"唐三彩"。

三彩陶除了在釉色上的突破之外，在造型、装饰和施釉方式等方面都有创新。盛唐时期，是三彩陶最为精美之时，尤其三彩陶俑异军突起，成为盛唐气度最真实的反映。

◎为什么唐代织锦又称纬锦？

唐代的染、织工艺以追求华丽的色彩效果为风尚。美术史中唐代仕女画，出现一种"绮罗人物"，表现的就是身穿华丽丝织品的贵妇。其他还有许多形象资料可以参证。唐代的丝织品种很多，而以织锦最为著名，因其织造上、纹饰上具有鲜明的时代特点，一般又称为"唐锦"或"纬锦"。

首先，唐锦在织造上是以纬线为主的，这与汉代"经锦"以经线为主的织造方式正好相反，这也是其之所以称为"纬锦"的一个主要原因。它一般是用两组或两组以上的纬线同一组经线交织，纬线多色，经线单色，以织物正面的纬线浮点显花。一组单色的经线则只分为交织经和夹经。纬锦的织机较经线起花机复杂，又因其为纬线起花，所以能织出比经锦花纹更繁杂、面幅更宽的织品。唐代纬锦纬线起花的织法较之以前汉魏六朝运用经线起花的传统织法先进了许多，所以从汉代的"经锦"到唐代的"纬锦"可谓一个飞跃。

唐代纬锦除了织造上的复杂和华丽之外，其装饰纹样也别具特色。纬锦在传统图案花纹基础上吸收了当时大量涌入的外来装饰纹样，如联珠纹、团窠纹、对称纹、散花等，形成清新、富丽的艺术风格。其中来自于波斯工艺的联珠纹又最为常见，可作为唐代织锦的代表纹样。

◎为什么说唐代女子在服饰上是最自由而美丽的？

唐代服饰在织造技术极大提高的情况下，可谓得天独厚。而其中又以女子的服饰为自由大胆和美丽，这种美丽更多地是由于大唐开放的盛世和外来文化，或者说"胡文化"的影响。

胡文化对唐代女子服饰的影响首先是胡服。唐代所谓的胡服，包括西域地区少数民族服饰和印度、波斯等外国服饰。胡服传入中国早在战国就开始了。隋唐以后，由于佛教及对外交流活动的兴起而胡化更甚。先是"音声学胡人"、"被羊裘"，接着是女子"椎髻"、化胡妆，然后就是戴胡帽、宽衣变窄小。妇女以胡式小袖为尚，就曾流行了很长一段时间。胡服盛行的另一个原因，便是与当时流行胡舞有关。唐代西域舞蹈在全国范围内迅速普及，尤以玄宗、杨玉环为歌舞盛世，以至于"臣妾人人学团转"（团转为西域舞的特点）。而表演胡舞即需胡服，才能体现出胡舞时"胡旋"、"胡腾"的情趣。所以由表演胡舞时的胡服，进而在日常生活时也胡装了。

女子男装是唐代胡文化对女子服饰的间接影响。唐代的中原女子受胡人马上民族的影响，喜爱骑马郊游。郊游时，便身着窄衣长靴的胡式男装。

另外唐代女子在服饰上还有一个更加大胆的举动，就是"袒胸"。袒胸主要体现在领子上，也叫"袒领"，就是里面不穿内衣，外衣罩得很低，袒胸于外。唐代女服的领子千奇百怪，而尤以盛唐的这种袒领为最大胆，也最能体现盛唐女子的美丽，这虽然不是胡服的特点，但它与唐代开放、自信的民族时代精神有关。

◎为什么唐代禁断新铸铜器而铜镜制造却十分精美？

唐代采矿业规模不大，十分缺铜，铜比钱贵，富贵人家以销毁铜钱和铜器（包括金铜佛像）铸成不足分量的恶钱来获厚利，然而流通的铜钱日趋稀少，804年，唐德宗下令市上交易物钱并行，物轻钱重的现象十分严重。佛教史上著名的"法难"——唐武宗"灭佛"，一个主要的原因，就是通过销毁寺庙中铜像钟磬炉铎，以争取铜的回收。宣宗即位后，为了减轻种种缺铜造成的不便情况，政府便下令禁止以铜制造生活器皿，代之以陶瓷器。然而镜子除了铜制外，当时尚无别的材料可以替代，《册府元龟》记："禁天下新铸造铜器，惟镜得铸。"《唐会要》、《泉货》载："除铸镜外，一切禁断。"所以唐代的铜器工艺便集中地体现在铜镜的制造上，铜镜的制作因此而十分精美。唐代铜镜是铜镜史上的最后一个高峰了。它的特点是1.镜身厚实，特别是《葡萄鸟兽花草镜》。2.合金中银、锡比例大，镜面颜色净白如银，唐以后的镜子颜色则微黄。3.造型上花样翻新，创各种花式镜、小型镜、方丈镜和有柄手的镜子。4.图案组织富丽，具有异域情调。如大量运用宝相花、珍禽奇兽、串枝葡萄、人物故事、社会生活等作为装饰。5.精美的特种工艺镜出现，有罗钿花鸟镜、金银平脱花鸟镜、捶金银花鸟镜、彩漆绘嵌琉璃镜。

◎为什么说法门寺地宫的金银器是唐代金属工艺的精品？

唐代的金属工艺除了铜镜之外，金银器的制造是一个发达的品种。所谓金银器，是指以贵重金属黄金和白银为基本原料加工制成的器皿、饰件等。我国最早的金银器生产在商代，而以隋唐为盛，且自始至终盛而不衰。

1987年，陕西扶风法门寺地宫出土了一批唐代金银器，其制作之精、档次之高堪称金银器之最。法门寺地宫珍藏的金银器件达120多件，虽不及西安何家村的窖藏数量，但其考古价值、艺术价值却是空前的。这些器物极高的价值体现在三个方面：1.这批器物都属于唐代金银器制作的精品，在当时的等级特高。由于唐代佞佛风气的炽盛，皇帝定期组织迎送佛骨的活动，这批器物就是皇帝集中各地精工巧匠专为供养真身（佛骨舍利）而打造的。2.这些器物因是统治者用来供养真身的，所以凡是人间帝王享用的器物在这里应有尽有，集群性、系列性很强，品类齐全，充分反映了唐代社会生活和金银器工艺的最高水平。3.这批器物既是供养物，因此为了显示供养者的功德，大部分器物上都有錾铭，为考古和考察金属工艺传承提供了可信的史料，可以帮助我们了解唐代金银器工艺的艺术风格、发展沿革以及金银器宫廷手工业作坊制度等。

◎为什么说佛教的繁盛在唐代促进了书籍装帧的飞跃？

古时写书于简牍上，又重又慢，装帧也显笨古。

唐代雕版印刷术的发明，使我国因此进入了刻书时代。书装形态、装订方法迈向了手工业的方式，比西方早了700多年。

然而这其中，佛教的兴盛、佛经的传播对当时书籍装帧的不断改进起到了十分重要的作用。

作为佛教徒积功德的善行之一，就是书写传播并念诵佛经。因此，当时雕版印刷品的主要内容为佛教经卷。在使用时，将装订形式逐渐改进的更加合理。这中间大致可划分为三种形态：1.卷子本。868年的一部卷子本《金刚经》，是用七张纸粘成的一卷，全卷长16尺、高1尺，为世界上现存的第一部印刷书。它是一个叫王玠的人出资刊印的，目的是为其父母祈福消灾的。卷子本虽然比简帛书籍进了一大步，但它的缺点是卷本太长，有的甚至长达几丈，展卷很费时。并且和尚念经，一般并不是从头到尾，往往只念一部分，这样用卷子本就不方便了。2.经折装。为了省时和方便，人们在以纸粘贴成卷的基础上，将长卷一反一正地折成长方形折子，前后白面又用纸、绢或木板装裱，形成册装形式，同时贴上书名签，形成封面。949年的一册8页《金刚经》便是这种经折装。3.旋风装。由于经折装易撒裂，于是人们又用一纸为底，将书写好的单张书页自右至左相错粘贴，展卷如鱼鳞，收卷如旋风。书籍的"页"出现了，由此书籍装帧产生了质的飞跃。敦煌发现的210页《入楞枷经疏》便是这种旋风装。

◎为什么说宋代是瓷器的黄金时代?

宋代名窑名器遍布大江南北,是中国瓷器史上的黄金时代。两宋主要的瓷窑有:1.定窑,宋代五大名窑之一,以烧白瓷著称。特点是胎细釉薄,器口无釉,以金银铜镶口称"金银铜扣"。装饰方法为刻划花。2.汝窑。五大名窑之一,是新兴起的北方青瓷窑,为明代文人列为首品之器。特点是胎极薄釉极厚,既具有越窑的青碧釉色又兼有定窑的装饰手法,釉料中加入玛瑙矿石,色泽滋润有细小纹片。3.耀州窑。为北方民窑,规模极大有"十里窑场"之称。是继汝窑之后又一著名的北方青瓷窑。特点是胎厚釉厚,拉坯成型。纹饰以浮雕般的牡丹最为常见。4.钧窑。为北宋新起之窑。特点是开辟了多色釉的新纪元,釉色呈现晚霞般的窑变效果。5.磁州窑。为北方民窑,产品用于民间,不为士大夫赏识。特点是白釉黑彩,对比强烈。并创"釉上彩"。6.景德镇窑。本在江西昌南镇,因宋景德年间烧瓷最好并于器上书"景德年制"而得名。特点是釉色介于青白之间,又称"影青"。属于南方白瓷系。7.龙泉窑。龙泉窑的鼎盛期正是我国青瓷发展的一个高峰,它的特点是造型仿古代青铜器、玉器,瓷釉开片。8.建窑。特点是生产口大足小、胎体厚重的黑釉茶具,其中以"兔毫盏"最为著名。9.官窑。指官方经营的青瓷窑，窑址尚未发现。五大名窑之一。特点是器口足露胎，呈"紫口铁足"。10.吉州窑。在江西吉安，又因地点在永和镇，也称"永和窑"。为宋代南方最大的民窑。特点是烧制著名的黑、黄玳瑁釉器以及器上用剪纸贴花的装饰手法。

◎为什么宋代茶盏喜用黑瓷?

宋代好茶不好酒，以皇帝为首的好饮者掀起了饮茶、斗茶的风气，饮茶之风是空前的。正如《铁围山丛谈》中所记："茶之尚，盖自唐人始，至本朝（宋）尤盛。而本朝又至祜陵时（徽宗）益穷极新出，而无以加矣。"

宋代饮用茶的品种不同于唐代，茶品的改变必然引发择器的变化。唐饮青茶而器用青瓷，宋饮白茶而改用黑盏。

宋代上层社会品茗、斗茶，讲究白茶，就是一种滤去茶汁加以淀粉半发酵的白色茶饼，饮用时，先把膏饼碾成细沫，放在碗内冲水，观茶沫茶色、品茶香，所谓"春芽研白膏"。讲究"点茶之色，以纯白为上，青白为次之，黄白又次之"（赵佶《大观茶论》）。当时所谓的"茗战"，主要在色、香、味，饮在其次了。决胜负者，以汤色鲜白，上盏著之无水痕为绝佳，水痕先者为负，耐久者为胜。

宋代名窑建窑以生产黑釉茶盏著名，就是与宋代斗茶验水痕决胜负之风有密切关系。所谓"茶色白，宜黑盏，建安所造绀黑，纹如兔毫，其坯微厚，久热难冷，最为要用"（蔡襄《茶录》）。因为建安黑盏在斗茶中，与白色的茶汤对比鲜明，易于验水，这就促成了宋人看重黑盏，并且建窑黑盏造型呈漏斗状，盏壁斜直口大足小，也易于点茶时容纳汤花。

◎为什么缂丝在宋代成为纯观赏性的织品？

缂丝，是一种高级的纺织品，纺织材料以生丝为经，以各种熟丝为纬，用小梭子纺织，纬线只在有图案处与经线交织，形成所谓"通经断纬"的织造特点，图纹与素地、色与色之间有小孔和断痕，"承空观之，如雕镂之象，故名刻（缂）丝"（庄绰《鸡肋篇》）。由于缂丝使用小梭子，并可以随意断线换梭赋色，所以可以织出精细的图案。缂丝织造技术历史悠久，早在汉代时就有了，隋唐五代比较流行。但在当时缂丝的用途主要是用作织造高级日用品，如织靠垫、台毯、腰带或领袖边饰等。宋代缂丝大盛，但主要用途已有所改变了。

宋代文人、士大夫政治上的热情转向审美品评、细腻的内心体验，对于各种日用品都有很高的审美要求。缂丝由于它自身的织造特点，加之南宋时单子母经、披梭和横门闩运梭技术之创造，使缂丝可以织出极其精致的图案，满足文人士大夫的审美需求。缂丝图纹内容也由实用性单纯的花纹组织变为书画类高雅的、纯观赏性的表现了。正如卞永誉形容的那样："宋刻丝仙山楼阁，文绮装成，质素莹洁，设色秀丽，界画精工，烟云缥缈绝似李思训。"李思训为唐代金碧山水画的大家，宋缂丝"绝似李思训"，说明了缂丝工艺所具有的书画特点。宋代著名缂丝能手有朱克柔、沈子藩、吴煦等。

◎为什么第一张商业印刷广告出现于宋代？

商业广告是伴随着商业的高度发达而出现的一种商品宣传形式。宋代城市建设十分发达，商业贸易更加自由。文人、骚客饮茶饮酒吟诗作赋之风又促进了各种市井服务行业的建立，宋代已经形成按行业成街的经商局面。商业的发达，使业主与业主之间自然产生贸易竞争，竞争的结果是促进了宋代商业广告的出现。

广告一词源于拉丁语advertere，有"注意"、"诱导"的意思。古时的广告形式丰富而且生动，常见的有：口头广告、实物广告、敲梆子摇拨浪鼓的"音响"广告、酒楼的招子广告等。而正式的印刷广告则出现于宋代。

宋代已经发明了活字印刷术，城市日益发达的商品经济，便自然地要首先利用这一"现代"手段来提高其商品的竞争能力。上海博物馆藏的北宋济南刘家针铺的广告铜版，是现存最早的工商业印刷广告。印刷出的广告四寸见方，中心位置绘有商标——白兔捣药图，图的左右两边是广告用语"认门前白兔为记"；广告的标题在图的上方，内容是商店名称"济南刘家功夫针铺"；商店经营项目、质量水平和经营方针写下图的下方，内容是"收买上等钢条，造功夫细针，不误宅院使用；客转为贩，别有加饶。请记白"。这种内容丰富、诱导性强的印刷广告的出现，可算是后期招贴广告、传单广告的先河了。

宋·济南刘家针铺之广告

◎为什么说《营造法式》是中国古代建筑技术的名著？

　　《营造法式》是我国现存古代科技著作中最早的一部建筑学著作。北宋熙宁年间由官家掌管的手工业部门"将作监"编修，后于绍圣四年（1097）由任少监的李诫重新编修，约于元符三年（1100）编成，三年之后刊印全国。该书是北宋王安石推行改革的产物，目的是为了掌握设计与施工标准，节省国家财政支出，保证工程质量。书中把"材"作为造屋的标准，将建筑用料分成大小八等，对于简化设计、工料估算精确度、施工速度起了极大的作用。这种方式在唐代虽然已经实际运用，但用文字确定下来作为政府规范的营造法式公布于世则是首次。

　　全书共36卷，357篇，3555条，图文并茂。所有内容可分为五部分：1.释名。考定建筑术语及古今之不同，并订出"总例"。2.各工种制度。包括13个工种如何按建筑等级和大小来选用标准材料，及各构件比例尺的规定。3.功限。各工种劳动定额和计算方法。4.料例。规定各工种用料定额和工作质量。5.图样。包括工具、石作、大小木作、雕木彩画图案等，此为该书最宝贵的部分，对研究中国古代建筑有重要参考价值。

　　《营造法式》公布之后，许多内容为以后各个朝代的木架建筑所沿用，直至清代。

◎为什么辽代妇女喜着佛妆？

辽代契丹贵族女子以黄粉染颊，特别是冬季，只管一遍一遍地加傅而不洗，让这层厚厚的黄粉留在脸上过冬，待到春暖花开时，洗去黄粉，如玉之面便又桃花般开放了。佛教造像中，佛是所谓的"丈八金身"，即以黄金为饰，通体黄灿灿、金闪闪，辽代契丹女子的这种黄粉染颊妆法，便名之为"佛妆"。其所用黄粉是由栝楼加香料而成。栝楼，是一种草本植物，其黄褐色卵圆形的果子可以入药。功能是清热、消肿排脓。契丹族，地处漠北，天寒风大，又是以游牧为生，女子要保护娇美的面孔，就要想些办法，因此妇人"面涂深黄，红眉黑吻"（朱彧《萍洲可谈》）。其实，以黄粉傅面早在汉魏唐时就有，但并不称作"佛妆"，辽代贵妇之所以有"佛妆"之谓，且乐此不疲，主要与当时崇佛尚金之风有关。辽代崇佛之风盛行，上自贵族下至民间，学佛礼佛、造像建庙、舍财施物、舍男舍女为僧尼的现象十分普遍，以至当时寺院的经济实力超过国库所有。佛教成为生活中一件很重要的事情，许多契丹人的名字都与佛教有关，如女名观音女、菩萨哥，男名和尚奴、弥勒奴、佛留等，甚至有"辽以释废"（释指佛教）之说。尚金则历来是契丹、蒙古等少数民族一直的喜好，而佛教与用金更是不能分离。在这满目金佛、满怀佛事的环境下，富贵的"佛妆"，用于贵族妇女，既养颜又如佛面是理所当然的了。

◎为什么说蒙元时期少数民族的发饰十分奇特？

蒙元时期男子留发辫或垂发，女子戴罟罟，与汉族的发饰截然不同。

东北契丹男子发式一般为髡顶，有耳侧后上留一垂发并与前额所留短发连成一片；有耳侧前上留一撮垂发与前额短发连成一片；有耳侧前后上侧各留一撮垂发，垂发随意披散，顶与前额均不留发。蒙古族男子也髡发，但它与契丹人不同之处是于前额处留一块桃子式的长发，并编结成辫，同时于一只耳朵上戴耳环。其他少数民族如女真、回鹘、吐番也都髡发，但他们男子都结辫，与契丹人的垂发不同。

蒙古贵妇头戴罟罟，"朱漆剔金为饰，若南方汉儿妇女则不戴之"。《长春真人西游记》载：契丹"妇人冠以桦皮，高二尺许，往往以皂褐笼之，富者以红绡，其末如鹅鸭，故名'姑姑'，大忌人触出入庐帐须低回"，说明了罟罟名称之由来以及罟罟之高，甚至出入营帐或乘坐车舆，必须将顶饰取下（以上记高二尺许，或记三尺许，总之说明其高也）。《黑鞑事略》记罟罟的做法是："用桦木为骨，包以红绡，金帛顶之。上用四五尺长柳枝或铁打成枝，包以青毡。其向上人，则以用我朝翠花或五彩帛饰之，令其飞动。以下人则用野鸡毛。"敦煌莫高窟和安西榆林窟元代壁画中，清楚地描绘了罟罟的形制。

◎为什么元代"纳石失"十分发达？

元蒙是一个强悍的草原民族，纺织品的发达主要为特种工艺。在这类特种织物中，尤以"纳石失"最具特色。所谓"纳石失"，可能是波斯语转译而来，指的是一种加金的丝织物，即以金线为纹纬织成的金锦。

丝织物加金，早在战国时期便有，但只有到了元代织金技术才达到空前的程度，使丝织品变唐的以色彩为主为以金银线为主。这其中的原因一是当时官营手工业机构极其庞大，棉织品成为下层人民的基本衣料，而蚕丝由基本纺织原料变为专门织造高级品的特种原料，为迎合贵族的好尚而花纹逾加华美；二是草原人对华丽色彩、质量贵重的金银的喜好，而更主要的原因则是当时蒙古统治者在用武力征服了欧亚广大地区的同时，搜刮到了大量的黄金，掳来了许多各地工匠，如从西域就迁入了三百余户金绮纹工，其中维吾尔人便是捻金线、织纳石失的能手，这为元代织金准备了充足的黄金原料和技术力量。

元代设有纳石失局和毛缎局，前者织造金锦，后者织造加金毛织物。又在京师设别失八里诸色人匠局，专门织造御用领袖、纳石失，为喜欢金料的蒙古统治者作为高级服料。元代皇帝与百官及上层贵族举行大型宴会时穿用的"质孙"，就是用纳石失制成的金袍。据《元史》记："君主颁赐一万二千男爵每人袍服十三袭，合计共有十五万六千袭……"，这种赐袍都是用金锦制成的，如此多的金袍，用"纳石失"之多便可见一斑了。

◎为什么元代棉织工艺飞跃发展？

棉织，在元代是一种新兴的工艺。我国古时并没有棉花，也就谈不上棉织工艺了。唐时棉花由西域传入中国，最早只在西北、西南一带种植。织成品叫"白叠"。五代、北宋时，"性工巧"的维吾尔人把自己织的棉织品称为"波斯布"、"秃鹿麻"，运到中原或进贡或交易。南宋时，广东南海等地棉织业已有所发展。元代，统治者的兴趣转向高级的加金丝织物和加金毛织物上，棉织物成为广大劳动群众的基本衣料，棉织技术因此很快地发展，尤其黄道婆在纺织方面的贡献，使棉纺织品成为元代江南名产。

元成宗元年，流落在崖州的松江妇女黄道婆，返回松江，同时带回了崖州黎族人的棉纺织技术，以其织成的生动如画的棉布，在松江一带传习开来，成为元代棉纺织工艺的代表。

黄道婆在纺织方面的卓越贡献主要体现在以下四个方面：1.捍，以轧棉的搅车去籽代替手工去籽，提高了效率。2.弹，以四尺长的大弹弓代替以前一尺五寸长的小弓子，并用弹槌击弦。3.纺，从单绽手摇纺车改为三绽脚踏纺车。4.织，发展了提花方法，使平纹棉布能织出色彩丰富的装饰花纹。

◎为什么说青花是元代瓷器的最大成就?

元代瓷器以景德镇为代表，而景德镇的成就是青花的烧制成功。

青花瓷是指在瓷胎上用氧化钴颜料按纹饰图案进行绘画，画好之后再施透明釉，在高温1200度至1300度中一次烧成。器物呈白地蓝花的釉下彩。青花瓷器发色鲜艳，呈色稳定，纹饰永不褪脱，白地蓝花明净素雅。

青花瓷瓶

青花工艺在技术上主要涉及两个方面，一是釉下彩；二是钴料。釉下彩唐代长沙窑就已出现，但彩料是铜、铁矿物。宋代磁州窑亦使用同样的彩料绘制白地黑花的釉下彩。宋室南迁，随之南下的也有在磁州窑烧制釉下彩的瓷工，其技法传至吉州窑，进而影响到较近的景德镇。这中间经历了四百年左右的时间，至元代釉下彩技术已然成熟。至于钴料，早在战国时代就有应用，唐三彩上钴料的应用就更普遍了，五代两宋吉州窑和景德镇窑已经用钴料烧制青花，但效果粗糙。成熟的青花至元代才真正烧制成功。

成熟的元青花体现在如下四个主要方面：1.胎土采用瓷石加高岭土的二元配方（宋代只用瓷石一种原料），因此胎质坚硬不变形。2.造型硕大古朴，具有蒙古草原人的豪放性，且有众多创新品种。3.青花用料采用进口和国产两种。进口料"苏泥勃青"，呈色鲜艳，并有晕散和结晶现象，多用于大器件上绘制大块图纹。国产料呈色淡雅微暗，不晕散结晶，纹饰清晰，多用于小器件上。4.装饰丰满层次分明，既有唐代的雍容富贵，又有宋代的精巧秀丽。

◎为什么明代服饰纹样流行吉祥图案？

中国人喜爱将一些日常生活上的东西赋予某种含义。宋元以来，随着理学的发展，在装饰领域反映意识形态的倾向越来越强烈。社会的政治伦理观念、价值观念、宗教观念都与纹样结合起来，要求图必有意，意必吉祥。明太祖又是个多疑自卑的人，他大设锦衣卫、大搞文字狱，抛弃了"刑不上大夫"的先制，因此，服务于皇上的一切人、一切物要谨小慎微，言必吉祥，才能博得皇上的欢心，才可保全性命，吉祥图案因此大盛。

吉祥图案又称"寓意纹样"，唐代已有将福善之事、嘉庆之象绘成的"吉祥图"或"瑞应图"。元代以后吉祥图案开始流行。至明代则广泛用于生活各个方面，尤其在服饰纹样上的运用更是举目皆是。

吉祥图案表达意思的方式常用的有六种：1.象征，根据事物的生态习性表达一定含义。如石榴表达多子多孙、牡丹表示富贵。2.寓意，利用典故来托意。如以松、竹、梅表示岁寒三友，以菊花寓意长寿。3.比拟，运用拟人的手段表达美意。如以猛虎拟英勇、并蒂莲比拟忠贞的爱情。4.表号，以某物作某种特定意义的记号。如萱草为母亲的表号、佛教八宝为吉祥的表号。5.谐音，借用某种事物的名称谐音表意。如鹿意为"禄"、蝙蝠意为"福"。6.嵌字，将寿、福、喜等吉祥字词嵌入服饰中。如出现于洪武二十六年的官吏补服，其补子纹样是服装上运用吉祥图案的典型。

◎为什么明代的家具称为"明式家具"？

明代家具，除帝王使用漆器外，一般贵族、士人、百姓的家具都力求简洁实用。明代东西方频繁的交往，东南亚一带的木材如：花梨、紫檀、红木等热带硬木开始大量传入中国。这些木料质地坚硬，强度高，天然色泽、纹理都很美，且气味清香，因此在用这种木材制作家具时，可以采用较小的构件断面、精密的榫卯，并且可以进行细致的雕饰和线脚加工，不必着色，只用蜡饰工艺，最多加一层清漆，保持一种朴素、高雅的天然美感。加之宋代文化南移，南方潮湿的气候使家具趋于修长的框架立柱式结构，以减少接触地面而受潮的机会，这对于采用硬木为材十分有利，也符合宋代文人讲求实用、细腻淡雅的审美心理。

明代家具的制作中心，以对外港口苏州最著名，之后又有广州、扬州、宁波等南方重镇，在公元15世纪至17世纪形成中国家具史上的一个显著高峰，并影响到18世纪英国的家具制作，成为世界三大类家具式样之一。人们对于这一时期的家具，习惯上便称之为"明式家具"。当然，"明式家具"并不限于明代的家具，也包括清代与此风格一致的家具。

"明式家具"的特点首先是选用进口优质硬木为料。其次是种类繁多，尤以椅凳类为"明式家具"中最具特色的大宗，并最终成为上流社会特权的象征。而结构精巧、装饰简少则是"明式家具"外观上的显著特征。

◎为什么说明代的漆器具有国际性地位？

明代为漆器生产的又一盛期，兴盛的主要原因是社会需求量增加。明代的建筑、造船、佛像制作以及宫廷用具大量地使用漆器和漆。漆器的制作，除了官方专营的果园厂外，中南、西南、浙皖地区的民间漆器生产也很兴盛，漆工艺品种不下一百多种。其中又以雕漆、金漆、彩漆为最盛。同时也出现了许多制漆名手，如果园厂雕漆张德刚、螺钿姜千里、百宝嵌周翥、金漆蒋回回、缥霞杨埙等。尤其是漆器工艺专著《髹饰录》的出现，标志着明代漆器工艺在实践与理论上完善。

《髹饰录》是我国古代惟一的一部漆艺专著，作者黄大成，是明代隆庆年间的一位著名漆工。他依据自己的经验，结合前人的成果，全面地叙述了有关髹漆工艺的各个方面。此书在明代天启五年经另一位漆工杨明之作叙并解注，内容更为丰富。全书分乾、坤两集，共18章，186条。《乾集》讲制造方法、原料、工具及漆工的禁忌。《坤集》讲漆器的14个分类及各个品种的形态。

明代漆器大量输入欧洲，对欧洲工艺美术影响很大。尤其18世纪英国著名家具大师齐本德尔，在其风靡一时的著作《家具大全》一书中，专门介绍了明代的髹漆家具，并对东方漆器表现了十分强烈的向往，从而深刻地影响了西方工艺美术设计家的思路。英国伦敦维多利亚亚伯特博物馆至今藏有明代描金加彩髹漆床式椅。另外加拿大、欧洲各大博物馆、个人珍藏中都有不少明代精美的漆器，并于其中占有相当重要的位置。

◎为什么说明代是彩瓷的时代？

明代瓷器生产极盛，花色品种不断翻新，特别是景德镇官窑，更是资力雄厚，不惜工本，精益求精，成为全国瓷业的中心，所谓"有明一代，至精至美之瓷，莫不出于景德镇"，景德镇因此号称"瓷都"。而景德镇在器物烧造方面最突出的成就是各种彩瓷的生产，并因此使得明代在制瓷方面进入了彩瓷的黄金时代。

青花，是彩瓷的一个主流，明代达到极盛，而宣德年间又被认为是青花的黄金时代，历来有"青花贵宣德"之说。其特点是1.所用青料有三种：一是进口的"苏泥勃青"，二是国产青料，三是两种料的混合使用。2.成品胎细釉厚，青花色泽浓艳。3.年款颇多，以楷书为主。4.绘画技巧采用一笔点画，部分用勾勒渲染的手法。

明代彩瓷的另一个著名品种是斗彩。斗彩，又称"逗彩"，是以釉下青花与釉上彩色拼合成纹，因其"先于坯用青料画花鸟半体（轮廓）复入彩料，凑其全体（完整的形象）"故名，取其上下斗合之意。斗彩于成化年间烧制成功，成为明代彩瓷发展的卓著标志之一，获得极高的赞誉，历来有"青花贵宣德，斗彩贵成化"。成化斗彩的特点是：1.器件小巧。2.胎细釉润，色彩鲜明柔和。3.绘画线条精细流利。

明代彩瓷除了宣德青花、成化斗彩之外，尚有永乐甜白釉器、釉里红器、宣德红釉器、弘治黄釉器等，代表了景德镇不同时期在制瓷上的成就。

◎为什么明代宜兴窑以茶壶驰名？

明代宜兴窑是以生产紫砂陶器而著称的，尤以紫砂陶茶壶而驰名中外，世称"宜陶"。清代戏曲家李渔在《闲情偶寄》中说："茗注莫妙于砂壶，砂壶之精者又莫过于阳羡（宜兴古名）。"

明代饮茶，既注重茶质，也讲究茶具。壶为紫砂陶质，可以"既不夺香，又无熟汤气（《长物志》）"。据专家考证，一般陶瓷茶具，器壁光滑，渗透性差，其凝聚的水珠滴落后，使茶水频繁搅动，容易促使好气性霉菌繁殖，造成茶水变馊发酵。而宜兴紫砂陶质的壶盖有气孔，能吸收水蒸汽，不致在盖上形成水珠，滴在茶水中搅动茶水而使茶水发酵。

宜兴生产紫砂陶，相传始于春秋战国，到宋代，紫砂陶茶具开始得到文人的赏识。据说苏东坡特别喜欢一种紫砂提梁壶，并帮助改进设计，此后这种壶便被称为"东坡提梁壶"。但宜兴紫砂茶壶获"世间茶具称为首"之盛誉，则是在明代。明宜兴县民欧子明曾在此开窑制造茶壶、花台，并在紫砂胎上施以淡青釉，世称"欧窑"，又称"宜钧"。至明正德年间，有一个提学副使吴颐山携带家童供春在蜀山金沙寺读书，家童供春创制新壶，艺绝天成，使紫砂茶壶名声大振。紫砂茶壶名家除供春外，还有陈鸣远，号"壶隐"，善仿古，所作紫砂"瓜形壶"，敦厚可爱，古秀周正，为紫砂壶中的典型器物。

宜兴紫砂壶有如下优点：1.泡茶不走味，盛暑不易馊。2.耐热性能好，可以文火温茶。3.造型多种多样，古朴大方，有仿生器、仿古礼器。

◎为什么说景泰蓝是明代首屈一指的金属工艺？

景泰蓝为珐琅器物的一种，属于"铜胎掐丝珐琅"，即用铜丝在铜胎上焊出种种花纹，然后填以各色珐琅彩料烧成。其制作程序十分复杂，一般要经过1.制胎，2.掐丝，3.点蓝，4.烧蓝，5.磨光，6.镀金等过程，又由于点蓝的原因，烧蓝往往要在800度的气氛中反复烧三四次。在这些过程中以掐丝、点蓝最为复杂，也最为重要。运用珐琅釉料的工艺在春秋战国时期就有了，唐代也出现过珐琅铜镜。但铜胎掐丝珐琅源于阿拉伯地区，元代传入我国云南，当时称这种器物为"大食瓶"。

明代景泰年间（1450—1456），铜胎掐丝珐琅的生产繁荣起来。其珐琅彩料有天蓝、宝蓝、赭、鲜黄、红、浅绿、深绿、羊脂白、葡萄紫、翠蓝和玫瑰色等十多种。在上料时，往往又多以天蓝色为地，故而俗称"景泰蓝"（有学者认为，景泰蓝这一词汇是在辛亥革命前后才开始使用的）。景泰蓝以其制作讲究、造型古朴、色彩华艳而称绝一时。

景泰蓝的造型多为仿古类器物，极少附加饰件。镀金的边、口、足、纽、棱脊看上去是铜胎的延长，显得和谐自然，与华艳的彩料相得益彰。景泰蓝在明代，主要为妇女闺阁和宫中的珍玩，并不受文人、士大夫的喜爱，认为其不够清雅，格调不高。因此，景泰蓝在明代由御用监专门承造，以供皇家贵族使用。本世纪初，景泰蓝在美国芝加哥世界博览会获一等奖。

◎为什么顾绣又称画绣?

明代刺绣分南北两大系，北绣讲求实用，南绣注重观赏。明代观赏性刺绣主要为画绣，而画绣之最首推明末清初上海的顾绣。

顾绣始于明嘉靖年间进士顾名世之妻缪氏。顾曾在上海建"露香园"，人们习称其家刺绣为"露香园顾绣"，简称"顾绣"。顾绣世代相传，由明入清达三百余年，其间以顾名世之次孙顾寿潜妻韩希孟的作品最为有名。韩希孟自身善鉴赏，工绘画，她的丈夫又曾师从明代大画家董其昌，所以也能诗善画。二人不赞成将刺绣只是作为"著之衣袂乃以为绚彩饰观"的服装从属物，而着意于纯为欣赏之艺术品。这正迎合了当时南方大批风雅文人墨客的审美心态，所以很有市场。甚至到了清朝，玩烟壶的主儿，有了好的烟壶必须配上"顾绣"囊套才算讲究。崇祯七年，韩希孟曾搜访宋元名迹，依画摹绣8幅，汇作方册，深得董其昌的称赞，并逐幅题词，影响极大。这套《宋元名迹方册》现存北京故宫博物院。

顾绣的特点，其一是刺绣粉本多临自宋元名画，或参以现实加以融合；其二是刺绣时，凡针丝不及之处，皆以彩笔接色，追求逼真的绘画效果，以上两点正是其为画绣之所在；其三是擘丝极细，甚至以擘成三四支的头发来绣线条，这种发绣中的发丝，直径仅为0.03毫米，绣出的线条尚不及男子的一根头发粗。其四是针法丰富。顾绣常用的针法有：擞和针、滚针、施毛针以及网绣。

顾绣至清中期而衰，原因是片面追求绘画效果，以至于画比绣多，失去了刺绣本身的魅力。

◎为什么明代很少再使用织锦作为高级服饰面料？

明代以前，高级服料主要就是织锦，比如汉代的经锦、唐代的纬锦。从明代开始一种新的面料以其更加优秀的品质逐渐取代了织锦，这就是华丽的缎。

缎属于华美的丝绸，是三原组织中最复杂的一种。它的经纬丝中，只有一种显现于织物表面，相邻的经纬丝，组织点分布均匀，所以外观光亮平滑，质地柔软，手感极好。缎在宋代就出现了。至明代，缎织物的提花技术高度发展，缎遂成为最为流行的服饰面料。明代织花缎品种很丰富，有：暗花缎、内缎、花缎、妆金库缎、织金缎、妆花缎、织金妆花缎、遍地妆花缎、孔雀羽织金妆花缎等。其中又以妆花、妆金库缎二种为主。

妆花缎的特点是可用多色小管梭挖织出五彩缤纷的纬绒花，习称"挖花"，这种"挖花"用色不受限制，可以在同一纬丝的位置上，挖织十余种彩色绒纬，色彩丰富，具有绒绣的效果。另外就是妆花缎还可按照服装款式制出织成料。妆花库缎的特点是在大面积暗花缎组织上（暗花缎是指经地与纬花的彩丝用色相同），选取若干重点部位，以小管梭用捻金线挖织少量金纹，使金花隐约闪现，感觉富丽而不落俗套。妆花库缎除用作高级服料外，还可作幔帐、垫子、包袱的用料。

◎为什么清代瓷器中有软、硬彩之分？

清朝景德镇瓷器的生产达到了历史上的最高峰。清代瓷器总的特点是品种多、工艺巧、产品外销量大。其中又以康熙五彩和雍正粉彩为突出。

五彩瓷是康熙时花色瓷的主要代表。它的描绘技法是大胆地运用光亮如漆的黑色以南宋院体风格的斧劈皴为主来勾勒人、物形象，然后平涂填彩。而它最大的突破在于发明了釉上蓝彩工艺，加之红、黄等釉上彩料，形成"青花五彩"的浓艳醒目效果，从而取代了明代盛行不衰的釉下青花。它的特点是线条挺拔，墨、彩鲜明，不易脱落。因其用笔、用色上，视觉效果明晰利落，故又有"硬彩"之喻。

五彩瓷至康熙晚期而达登峰造极，之后其"硬"的挺拔感逐渐与当时上层社会日趋柔媚妍丽的审美情趣相背离而显得格格不入，这时一种新的彩瓷风格便应运而生了。

粉彩，于雍正时期达到成熟，相对于康熙"硬彩"，雍正粉彩则以其柔和妩媚的风格而获"软彩"之喻。它是由于在彩料中加入氧化铅玻璃白，使色彩产生一种不透明的乳浊感。用色达十几种以上，描绘上采用由深到浅逐渐洗染的方式，变五彩以硬挺的"线"为主为以柔和的具有明暗立体效果的"面"为主，对比不像五彩那样强烈，显出闺阁脂粉般的柔软。清代瓷器工艺上"软"、"硬"彩之变化，反映了当时人们不同时期的审美心态。

◎为什么在清代服饰出现了一次大变革？

1644年，清兵入关，发出告示"京城内外，剃发易服"，由此，引发了封建社会中华服饰文化的最后一次变革。

在清兵入关之前，凡被攻占的原明朝统治地区，令当地官民都按满族习俗剃去前额头发，脑后留发梳辫垂于背后。清兵入关之后，通过武力法令残酷地强迫军民等一律改服满族服饰（妇、孺、隶、伶、婚、丧等可不在此限）：剃前发、后留辫、马蹄袖。"有效他国（指汉族）衣冠束发裹足者，重治其罪"。故民间有"留发不留人"的习语。抵制汉服维护满服的原因主要还是满族统治者长治久安的政治愿望以及骑射民族尚武精神的反映。清太宗皇太极以金亡为戒，坚决维护以"骑射"为本的民族服饰特点。崇德元年（1636年）他曾训告臣下说："……如我等于此，聚集宽衣大袖，左佩矢、右挟弓，忽遇硕翁科罗巴图鲁·劳萨（勇士）挺身突入，我等能御之乎？若废骑射，宽衣大袖，待他人割肉而食，与尚左手之人何以异耶！朕发此言……恐后世子孙忘旧制，废骑射以效汉人俗，故常切此虑耳。"所以他"时时练习骑射，以备武功"。乾隆年间，乾隆帝在发"我朝满洲先正之遗风，自当永远遵循"之感叹后，于乾隆三十八年（1773年）又下谕"衣冠必不可轻言改易（此话针对当时朝中有改穿汉服建议而言）"。

易服之后的清朝服装特点是，传统的宽大冠冕衣裳几乎全部消失，所有场合一律袍服，衣袖瘦窄为马蹄袖。重大场合有朝袍、龙袍、蟒袍等；男子日常长袍马褂；妇女除家居襦、袄、裙、裤之外，一般多着长袍，外加背心，满族妇女又梳"两把头"，着盆底鞋。

◎景德镇为什么被称为"瓷都"？

　　景德镇位于江西省昌江与其支流西河、东河的汇合处。境内盛产优质瓷土和烧瓷的松柴。五代时期，地处该区的胜梅亭、石虎湾两窑就烧制青瓷和白瓷。入宋以后，许多工匠汇集到景德镇，带来了各地制瓷的先进经验，在纹样选择、制瓷工艺以及装饰纹样等方面达到了相当的高度，创造了风格独特的瓷器——影青瓷。到了元代，政府机构在景德镇设置了浮梁瓷局，由官府督办瓷业，遂使制瓷工艺有了新突破，这个时期成功地烧制了青花、五彩、釉里红、卵白、铜红、霁蓝等瓷器，结束了元以前瓷器的釉色主要是仿玉类银的局面，景德镇日渐成为全国的制瓷中心。明清时期，其他窑场归于没落，名匠纷纷涌入景德镇，造成了景德镇"工匠来八方，器成天下走"的局面。所产瓷器，数量大，品种多，质量高，销路广，不仅满足了国内外市场的需要，而且还担负了宫廷御器、政府对内、对外赐赏和交换的全部官窑器的制作。通过各种途径，景德镇瓷器传到了四面八方，景德镇也因此名扬海内外，赢得了"瓷都"的美誉。

◎苏绣、蜀绣、粤绣、湘绣为什么被称为"四大名绣"？

19世纪中叶，由于市场的多方面需求和刺绣产地的不同，商品绣形成了各自的地方特色，其中苏、粤、蜀、湘四个地区的刺绣产品销路尤广，故有"四大名绣"之称。

苏绣主要以苏州为中心，包括实用性绣品和欣赏性绣品两大类。苏绣针法丰富，以套针为主，绣线套接不露针迹。常用三四种深浅不同的同类颜色或邻近色相配，套绣出晕染自如的色彩效果。花纹边缘留有水路，针脚整齐，微微突起，有薄浮雕之感。

粤绣历史悠久，花纹繁茂，色彩富丽。明末屈大均《广东新语》曾记载粤绣用孔雀毛为线缕。绣制宦服补子及云章袖口，金翠夺目。粤绣针法丰富，能巧妙地利用针法丝理表现物象的肌理。粤绣分为绒线绣、线绣、钉金绣、金绒绣等四种类型，其中尤以钉金绣最著名。

蜀绣，以成都为中心，花纹集中，地部空白较多，故花清地白，具有古朴之风。其特色是用针工整，平齐光亮，不加代笔，花纹边缘针脚如刀切一般整齐。

湘绣以长沙为中心，特别是擘丝很细，针法取苏绣的套针加以发展，用丝理点染阴阳浓淡，色泽以深灰、浅灰、黑、白为主，素雅如水墨画。

.